BIBLIOTHÈQUE
DE PHILOSOPHIE CONTEMPORAINE

L'ART ET LE RÉEL

ESSAI DE MÉTAPHYSIQUE FONDÉE SUR L'ESTHÉTIQUE

PAR

JEAN PÉRÈS

Ancien élève de l'École normale supérieure
Professeur agrégé de philosophie au lycée de Grenoble
Docteur ès lettres

PARIS
ANCIENNE LIBRAIRIE GERMER BAILLIÈRE ET Cⁱᵉ
FÉLIX ALCAN, ÉDITEUR
108, BOULEVARD SAINT-GERMAIN, 108

1898

L'ART ET LE RÉEL

ESSAI DE MÉTAPHYSIQUE FONDÉE SUR L'ESTHÉTIQUE

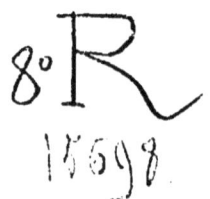

GRENOBLE
Imprimerie ALLIER FRÈRES

L'ART ET LE RÉEL

ESSAI DE MÉTAPHYSIQUE FONDÉE SUR L'ESTHÉTIQUE

PAR

Jean PÉRÈS

Ancien élève de l'École Normale Supérieure

Professeur agrégé de Philosophie au Lycée de Grenoble

Docteur ès-Lettres

« Das Kunstwerk nur reflektirt mir, was sonst durch nichts reflektirt wird, jenes absolut Identische, was selbst in Ich schon sich getrennt hat. »

Schelling, *Sämmtliche Werke* (1799-1800), p. 625.

PARIS

ANCIENNE LIBRAIRIE GERMER BAILLIÈRE ET Cie

FÉLIX ALCAN, ÉDITEUR

108, BOULEVARD SAINT-GERMAIN, 108

1898

Tous droits réservés.

A MONSIEUR

ÉMILE BOUTROUX

PROFESSEUR A LA FACULTÉ DES LETTRES DE PARIS

HOMMAGE
DE RECONNAISSANCE ET DE RESPECT

INTRODUCTION

Approfondir le sens et peser la valeur de ce terme : l'existence, et du même coup discerner ce qui existe vraiment, déterminer dans son fonds la nature même du réel, constitue assurément le thème essentiel de la réflexion philosophique. Or, on ne peut mieux faire ressortir à quel point l'être, dans la pleine acception du mot, diffère, par exemple, de cette réalité sensible qui n'est qu'un aspect, qu'une partie du réel, — et l'existence au sens parfait, de l'existence finie et contingente, qu'en découvrant et signalant les conditions dans lesquelles se produit ce que nous appellerons l'intuition ou le sentiment du réel et la nature particulière de cette intuition ou de ce sentiment. Ce sera là notre point de départ.

Or, nous trouvons précisément dans un autre sentiment bien caractéristique, le sentiment du beau, l'analogue et peut-être la forme la plus parfaite de ce que nous avons nommé le sentiment du réel. En même temps, cette manifestation de l'activité humaine possédant un caractère social, qui atteint son point culminant dans la réalisation du beau, l'art en un mot, ne nous apparait comme impliquant ou faisant se dégager un mode de pensée différant tout à la fois de la connaissance courante et de la pensée scientifique abstraite, et plus concret, plus vraiment synthétique, — qu'en tant qu'il rend possible un état supérieur de la pensée dans lequel cette distinction du moi et de l'objet, familière à la connaissance vulgaire, — première démarche de la science et de l'esprit d'analyse, — sur laquelle s'édifie la dualité primordiale et difficilement réductible du monde sensible et de l'esprit, — s'abolit d'elle-même. Par là même, il se pourrait que l'art constituât comme une révélation spontanée du réel, ayant un certain caractère de stabilité et de constance. Il y a donc lieu de rapprocher ces deux termes : l'Art et le Réel, et d'approfondir leurs rapports en faisant ressortir sur combien de points ils confinent l'un à l'autre et semblent se transformer l'un dans l'autre ; quand bien même ne se poseraient pas des questions subsidiaires telles que celle-ci : Quel degré de réalité, quelle place dans la hiérarchie des existences naturelles, dont elles semblent, à première vue, former l'antithèse, convient-il d'attribuer aux créations de l'art, œuvre humaine, et, en général, à toute œuvre de l'homme ? Question dont une étude qui utilise, pour la compréhension de la nature du réel, ce mode de pensée et ces sentiments caractéristiques qui sont l'âme même de l'art et dans lesquels il se résume et vient aboutir, — enveloppe nécessairement et détermine la solution.

Il en est du réel comme du beau. Le beau apparaît dans l'univers avec l'être moral, et, premièrement, comme attribut de l'être moral. Le réel, de même, n'existe pleinement qu'autant qu'il y a des êtres pensants, que s'il est posé comme existant en soi dans un effort de l'esprit pour le ramener et se ramener soi-même à l'unité indivisible de l'être. Traitant de la nature du réel, nous serons donc amenés à envisager l'homme et à y reconnaître ces attributs distinctifs qui, le mettant à part des autres créatures vivantes, font de lui tout à la fois la personne, l'être moral, et plus particulièrement l'être par lequel et avec lequel la réalité se pose, qui a pour destinée de s'étendre par la pensée et par l'action jusqu'à embrasser l'universalité des choses, et dont les inclinations ont pour fonds primordial un attachement à ce qui dure et est par là même l'image de l'être véritable supérieur à la catégorie du temps.

Or, tous ces attributs caractéristiques de l'homme où les verrons-nous mieux se refléter que dans l'art, manifestation de l'activité humaine et de la vie sociale la plus compréhensive et la plus concrète de toutes, œuvre collective et personnelle à la fois? L'art c'est encore l'homme. Dans les créations de l'art, vient en quelque sorte affleurer et s'épanouir durablement tout ce qui est de l'homme, la pensée, la vie morale, la science, les sentiments sociaux, la civilisation, l'action, dans ce qu'ils ont de moins éphémère. C'est assez dire que, en déterminant la nature et le principe de l'art, la place occupée par ses créations parmi les choses existantes, nous nous préparerons à mieux comprendre ce que pèsent l'acte humain et ses conséquences mis en comparaison avec les effets nécessaires des lois du milieu naturel.

Mais, d'autre part, l'art se définit par une certaine équivalence avec le réel dont il tend à recréer et à nous rendre présente l'unité. Et, en fait, on ne peut en déterminer et en pénétrer la nature d'une façon complète sans être amené à nier cette séparation factice qui, suivant l'opinion commune, existerait entre l'art et la vie humaine en premier lieu, et, secondement, entre la vie humaine et la vie universelle. Donc, si, d'une part, l'art c'est l'homme même, l'œuvre de l'homme, il est à présumer qu'il nous apparaîtra, d'autre part, comme contenant quelque chose qui dépasse l'homme et en même temps comme n'ayant pas une existence purement relative à l'homme. Semblablement nous serons conduits à reconnaître tout à la fois à l'art une signification métaphysique, une raison d'être dans l'univers, — et, au beau, qui, dans sa plus haute acception, ne se distingue pas du divin, une réalité objective indépendante dont le sentiment ressenti par nous est loin d'épuiser le contenu. Mais cette compréhension dernière de la nature de l'art et du beau, nous n'y pouvons atteindre sans discerner du même coup la vraie nature du réel, duquel la pensée nous apparaîtra alors comme un élément objectif et nécessaire. De ce point de vue s'éclairera pour nous le problème de la destinée de l'homme comme être pensant, ainsi que la question connexe des rapports de l'homme à Dieu, et celle de la valeur et de l'efficacité de l'acte humain dans la création universelle. Le point d'appui pris par nous dans l'étude de la nature du beau et de l'art en vue d'une solution du problème métaphysique présente des avantages très positifs. En effet, l'art implique l'histoire, et même, peut-on dire, est une partie de la réalité historique ; dans le beau, d'autre part, est impliquée la nature, en tant que représentation et en tant que mécanisme rendant possible une telle représentation. Il résulte, de là, que notre métaphysique de la destinée n'aura pas pour thème et pour point de départ l'homme abstrait, l'homme en général, dont traite la psychologie, mais l'humanité, une certaine humanité unie à une nature, ayant un passé, une histoire, composée de membres solidaires. Elle rejoindra tout à la fois la philosophie de l'histoire et la philosophie de la nature. S'inspirant de cette continuité parfaite, de cette pénétration mutuelle de l'idée et de la forme matérielle que les belles créations de l'art nous offrent en exemple, une telle métaphysique ne sépare pas la pensée de l'univers dont elle est un des éléments, et elle ne conçoit pas non plus l'être pensant isolé des autres êtres pensants, ni de certaines conditions objectives, naturelles ou artificielles. Dans une doctrine ainsi comprise, ce qu'on nomme l'être raisonnable, cette partie impérissable et divine de l'homme, ne risque plus autant d'apparaître à notre pensée comme un qualificatif abstrait érigé en existence séparée ; l'idée de l'être raisonnable et de sa destinée comme tel reçoit un contenu concret. Et, d'autre part, d'une conception du réel assise sur des données aussi réellement objectives que l'histoire, que l'art, cette manifestation traditionnelle d'une vie sociale qui n'en est pas à ses débuts, il deviendra possible de redescendre plus sûrement et plus directement par voie de déduction à la pratique et aux règles et croyances qui la fondent.

L'ART ET LE RÉEL

ESSAI DE MÉTAPHYSIQUE FONDÉE SUR L'ESTHÉTIQUE

> « Das Kunstwerk nur reflektirt mir, was sonst durch nichts reflektirt wird, jenes absolut Identische, was selbst in Ich schon sich getrennt hat. »
>
> Schelling, *Sämmtliche Werke* (1799-180?), p. 625.

I

PREMIER APERÇU SUR LA NATURE DU RÉEL

I. — Le réel dans son opposition avec les conceptions de notre esprit, avec le possible, avec les effets de la volonté individuelle.

A première vue, le réel semble pouvoir être défini ce qui existe, ce qui est à connaître, considéré en opposition avec ce qui connaît et se connaît. Ce qui connaît fait d'ailleurs partie du réel en tant qu'il a une existence, mais il s'en distingue idéalement en tant qu'il est une conscience. Connaître en effet, semble-t-il, comme agir, a son point de départ dans exister; avant de vouloir et de connaître, l'être pensant est un certain être qu'il lui est imposé d'être, une nature. Mais l'acte de la connaissance pris en lui-même et le produit de cet acte : l'idée, demeurent dans un certain rapport d'opposition avec le réel (dans lequel il reste toujours à connaître), rapport n'excluant pas une certaine corrélation. La nature pensante et sentante de l'homme est aussi immuable en ses traits constitutifs et spécifiques que la réalité objective, et en fait partie. Mais bien que la réalité objective se résolve pour nous uniquement en idées, il y a toujours dans l'idée quelque chose de non définitif qui en fait la vivante antithèse de cette réalité que nous devinons exister d'une façon en quelque sorte irrévocable et inaltérable.

Ce qui est réel, c'est que telle chose prise individuellement, c'est que l'universalité des choses (considérée dans l'espace et dans le temps), existe. Or, l'idée est idée d'une chose prise en général, abstraction faite de la multiplicité des cas individuels; elle peut même être idée d'une chose en particulier; mais cette idée et l'existence de son objet sont deux faits distincts sans lien nécessaire, et cette certaine chose que nous pensons et que nous présumons exister peut n'exister qu'en idée. L'idée, par rapport au réel, c'est donc la détermination seulement spécifique, le possible pouvant ou non être réalisé, de telle ou telle façon, ici ou là, à tel moment ou à tel autre; le possible, dont le réel en son détail ne peut aucunement se déduire, et en regard duquel il nous apparaît arbitraire et ayant pu, nous semble-t-il, avoir été tout autre sans contradiction.

Mais, réductible ou non à l'idée, il existe; il est souverainement; et aussi nous et notre pensée (non moins arbitrairement); avec nos idées, les unes véridiques tout en n'étant que des approximations, les autres qui ne sont que des conceptions subjectives, avec cette faculté d'idéation sans objet, cette faculté de croire et d'imaginer qui fait exister en idée ce qui n'a pas d'existence réelle. Et d'un autre côté, être n'est pas simplement un commencement, un antécédent abstrait de l'action et de la pensée, c'est un point d'arrivée, un terme pour une activité qui a fondé, institué, créé cette réalité qui s'impose à nous. L'existence même est-elle un commencement, un point de départ en ce sens que, étant agissants nous aurions le pouvoir d'ajouter à ce qui est? Ou cette puissance dont procèdent tous les arrangements actuels de l'univers ne continue-t-elle pas, en nous pliant inconsciemment à ses fins, à faire sortir de ce qui est ce qui sera, comme il convient à une cause souveraine non limitée dans le temps?

Ce n'est pas seulement à l'idée en tant que représentation, anticipation ou principe d'explication que le réel s'oppose, mais encore à l'idée considérée sous une autre face, à l'idée principe du vouloir, motif de la conduite, résolution non encore passée en acte, à cette idée qui est une certaine conduite future imaginée avec ses suites. Sous cette face, l'idée est plus justement, plus exactement encore le possible, un des possibles opposé au réel figuré ici par un acte dans ce qu'il a de véritablement effectif ou par un événement. Un possible, cela n'a même de sens que par analogie avec ces actes encore à l'état de représentation subjective entre lesquels notre raison ou notre sensibilité choisit; et un possible, d'autre part, ne peut être qu'une idée, ne peut exister qu'en une conscience, d'une existence non définitive, d'une existence d'essai en quelque sorte. Une idée, cela n'a encore rien de décisif, cela tient encore à nous, est révocable, possède l'indétermination. Par contre, un acte accompli, sur lequel on ne peut plus revenir, limitation définitive du possible, nous représente le réel.

Au sens rigoureux du mot, le réel devrait être : tout ce qui est, tout ce qui arrive, tout ce qui existe. Une idée existe assurément même fausse, mais comme un possible, et le possible n'est pas le réel. Au non-être, l'idée peut prêter un semblant d'existence, « Earth hath bubbles »[1]. Pour qui ne donne pas aux termes un sens absolu qu'ils ne comportent pas, puisqu'ils expriment moins une certaine chose qu'ils ne nous la font entendre par une métaphore ou une association d'idées conventionnelle, il y a des faits du monde intellectuel et moral qui ne sont pas une réalité, qui ne comptent pas, parce que ou bien ils se détruisent, ou bien ils n'aboutissent pas. Une simple velléité dont nous ne sommes même pas moralement responsables, qui n'a existé très passagèrement que pour notre conscience, ne fait point partie du réel; c'est une des innombrables virtualités que recèle notre âme, laquelle en un sens contient tout à l'état de possible. Il y a des conceptions de l'esprit qui sont en quelque sorte un non-être conscient. Le réel est ce qui, étant donné hors de nous ou au dedans de nous, nous apparaît comme étant autre chose et plus qu'une conception de notre esprit. Il peut même être l'inconnu que notre pensée sonde de ses conjectures.

Mais, s'opposant à ce qui est conception de notre

---

[1] Shakespeare, *Macbeth*, I, 3, v. 170.

esprit, le réel ne s'oppose-t-il pas aussi et par là même à tout ce qui est réalisation d'une conception de l'esprit dans l'ordre des faits? Ne nous apparaît-il pas comme étant ce qui existe de soi, Nature ou Destinée, par opposition à ce que l'homme crée de dessein préconçu? Il y a sûrement une différence marquée entre ce qui existe ou arrive naturellement, se crée soi-même en un mot, et ce qui est l'œuvre ou l'effet d'une volonté qui conçoit et ensuite exécute. Dans les choses qu'il fait et crée, il arrive souvent à l'homme de produire autre chose que ce qu'il voulait faire ; telle résolution réfléchie peut avoir pour effet ou pour conséquence de rendre inévitable ce qu'elle tendait à empêcher. Il n'en saurait être autrement. L'homme n'ayant pas la connaissance de chaque chose dans sa relation au tout, sa volonté ne saurait être qu'incertaine et inefficace sinon quant à certains résultats apparents immédiats, tout au moins quant au résultat final. Ce qui procède de la volonté, au moins de la volonté individuelle, a quelque chose d'artificiel, de partial et de forcé qui le rend éphémère. Ce n'est pas que nos actes ne subsistent d'une façon durable comme faits, mais ce qu'il y a en eux de voulu, d'efficace pour une certaine fin conçue par nous s'élimine en même temps qu'ils s'additionnent ou se résolvent en effets de causes plus constantes, moins capricieuses que nos volontés. Ils rentrent ainsi dans le réel dont ce qui est voulu, artificiel, procédant d'une conception de notre esprit et prétendant la traduire dans les faits, forme l'antithèse. Ainsi, dans la continuité du développement historique, les effets des volontés individuelles se confondent si intimement entre eux, avec les effets des causes générales, naturelles, et avec l'action de ce que l'on nomme hasard ou destinée, qu'il n'y subsiste pour ainsi dire plus rien de factice et d'intentionnel au sens humain. — Si l'on prend en bloc les événement d'une période d'histoire, ce caractère un peu géométrique et factice, cette symétrie trop abstraite et trop simple qui caractérise les desseins des hommes, cette logique humaine avec ses prétendus résultats toujours si différents du but poursuivi, s'efface et s'élimine pour laisser apparaître devant nous les faits eux-mêmes dans leur développement arbitraire, le réel, en un mot, avec sa logique si différente de la logique humaine. Nos volontés, nos actes baignent dans le réel; ce qu'il en reste, ce qui dure, ce qui vient s'insérer comme fait objectif dans le cours des événements, ne conserve plus rien d'individuel, nous devient étranger. — L'imperfection des choses humaines et des desseins humains, c'est leur peu de portée, l'incertitude des mobiles, la contingence, ce qu'il y a dans ces actes et ces ouvrages de facultatif, de non nécessaire, de possible autrement. Cette imperfection s'élimine dans la masse, comme dans l'aspect général d'une ville moderne s'élimine « la laideur rectiligne » des maisons et des rues trop régulières toutes pareilles entre elles ; et de toutes ces logiques à courte vue qui règnent dans les desseins humains, de toutes ces symétries trop simples, se dégage une symétrie plus compréhensive et plus complexe que nous ne pouvons apprécier que par fragments, et qui, ôtant toute contingence de l'ensemble des événements et des faits, nous les fait envisager avec des sentiments au-dessus de l'humanité, et met en nous la conviction de la nécessité de chaque chose. Avec des formules différentes, le panthéisme de Spinoza, l'optimisme de Leibniz, l'idéalisme de Hegel tendent à établir que, reconnaître la vraie nature du réel, c'est reconnaître que les choses sont ce qu'elles doivent être, que tout est mieux ainsi, et qu'il ne nous manque pour le comprendre que de mieux voir, de mieux savoir, et de vouloir ce qu'il faut vouloir. Ainsi l'opposition entre le réel et ce qui est de l'homme ou tout au moins de la volonté individuelle, demeure.

Le réel est d'autre part constamment présent à notre pensée, en ce sens que toutes les conceptions, conjectures ou velléités que nous formons, le prennent pour thème, et qu'il est la donnée inconnue qui entre dans nos résolutions et nos actes pour en changer l'issue et en utiliser l'effet. Quand il se révèle incidemment et fragmentairement à nous, c'est précisément en nous apparaissant plus vrai et plus simple, plus complet, plus conforme à ce qui doit être que nos conceptions et nos desseins, supérieur aussi à cette poursuite de fins passagères que notre activité bornée dans le temps se contente d'atteindre.

II. — Penser le réel, c'est penser un problème et peser la valeur de ce mot : l'existence. — Nécessité sociale d'une réflexion sur le réel.

Le réel est donc mystérieux dans sa nature. Quelle question est plus difficile à résoudre que celle-ci : qu'est ce qui est, qu'est ce qui existe vraiment ? — Pour penser le réel, nous essayons d'embrasser l'ensemble des choses en arrêtant notre pensée sur le fait de leur existence.

Nous ne le pensons que lorsque nous nous posons ces questions : Qu'est-ce qui existe ? Ces choses qui autour de nous existent et ne sont pas uniquement des conceptions de notre esprit, ces événements qui se produisent, et moi-même, dans quel rapport se trouvent-ils, dans quel rapport suis-je moi-même avec tout le reste ? Comment tout cela forme-t-il un univers, et quel est le sens, la raison d'être de tout cela ? — Notre pensée reste toujours en deçà du réel en tant que réel ; elle ne le pense que mis en regard du possible, de l'idée ; elle le pense dans tout effort qu'elle fait pour y considérer ce qui n'est pas d'elle, ce qui existe objectivement, indépendamment d'elle. Qu'en connait-elle ? Quelques uniformités qui expriment les conditions sous lesquelles les phénomènes se produisent et peuvent être reproduits. Pourquoi les choses sont-elles telles et non autres, quelle sera leur destinée et la nôtre ? A cet égard, elle est complètement dans le vague ; elle peut seulement juger de ce qui se produira d'après ce qui se produit ordinairement. En dehors de cela, tout est pour elle contingent, arbitraire, aussi bien l'existence de tel détail des choses en particulier que l'existence universelle, et tout au plus peut-elle concevoir que, pour une pensée ayant une plus grande portée, considérant l'ensemble, cette contingence se transformerait en nécessité intelligible. Retrouver dans le présent le passé est en son pouvoir, mais non reconnaître ce qui manquait au passé et que le présent lui ajoute, ni comprendre en quelle façon notre monde se complète par les mondes inconnus sur lesquels nous sommes réduits aux conjectures. C'est au moment où elle reconnaît les limites de notre connaissance que notre pensée apprécie la valeur de ce mot : l'existence. Le reste du temps, elle calcule, elle escompte l'avenir d'après le passé, elle prévoit, et agit en se réglant sur ce qui se produit le plus ordinairement, elle reconnaît une certaine conformité entre les faits et ses idées. Pour ce qui est de la constitution de notre univers, de la structure de nos sens, la pensée ne trouve rien en elle dont elle puisse les déduire; les détails de l'une et de l'autre lui apparaissent contingents. A plus forte raison est-elle sans pouvoir pour s'élever à une synthèse du réel au moins avec les facultés dont elle use le plus ordinairement. Ce que nous savons, ce que nous pouvons connaître des choses, nous mène, touchant leurs éléments derniers, leur origine et leur rapport à l'ensemble, — ce que nous savons de notre propre nature nous mène touchant notre destinée, — à des conjectures qui toutes contiennent quelque contradiction. Derrière ces contradictions dans lesquelles notre pensée se débat et par ces contradictions mêmes, dans ce qu'elles ont d'invincible à l'effort de notre compréhension, nous discernons que quelque chose est, qui est précisément ce qui doit être et dont la connaissance lèverait toute difficulté. Mais comment le réel pourrait-il être atteint par le raisonnement; comment notre pensée dépourvue des principes dont il pourrait se déduire, pourrait-elle en comprendre et en poursuivre l'enchaînement, soit au delà de notre monde actuel, soit dans le détail infini de cette réalité plus voisine de nous, mais non moins énigmatique?

Ainsi, nous pensons le réel quand nous pensons

l'existence soit universelle soit individuelle et que nous en cherchons le pourquoi. Car exister vraiment, c'est avoir une raison d'exister, et reconnaître ou rechercher ce qui existe vraiment, c'est essayer de découvrir à ce que nous savons exister un sens, y discerner une symétrie, un ordre dont le plus grand effort de notre esprit est de pouvoir soupçonner quelque chose. Penser le réel, c'est donc surtout penser un problème. Qu'on ne croie pas que c'est là seulement une occupation de spéculatif. Il faut vivre en effet et agir; et comment savoir si nous agissons dans le sens du réel, si nous agissons comme nous le devons, si nous ne savons au préalable ce qui existe véritablement, et de quel point de vue il faut considérer le réel pour comprendre qu'il est tel qu'il devrait être, si nous n'en avons au moins la préoccupation. Reconnaître pourquoi les choses sont ce qu'elles sont, et connaître quel but nous devons proposer à notre activité sont deux sciences corrélatives. L'obligation morale n'est qu'un cas particulier de cette nécessité interne en vertu de laquelle les choses ont raison d'exister telles qu'elles sont.

Philosopher sur l'existence est peut-être une obligation que l'homme pris individuellement dans la moyenne de l'humanité méconnaît, mais non une société humaine. L'homme vit dans la société, qui s'interpose entre le réel et lui, participant de l'un et de l'autre, et tend à lui supprimer aussi bien l'incertitude morale et philosophique, que l'insécurité matérielle. La société doit voir plus loin que l'individu, et au-dessus de sa tête résoudre des problèmes auxquels la majorité des hommes n'appliquent pas leur pensée, et dont la solution devenant le principe d'une organisation sociale les touche par ses conséquences. — La société est encore quelque chose d'absolu et de souverain qui, en quelque façon, ne relève que d'elle seule; elle est un fait qui, comme l'existence, possède sa raison en soi, elle est dans le Réel un autre réel qui en est une sorte d'atténuation, créant à l'homme un milieu factice ayant des uniformités, de la fixité, donnant à la vie humaine cette même régularité et sécurité que la pensée scientifique est contente de trouver dans la possession des lois qui régissent les phénomènes naturels. Or, tout en étant quelque chose qui semble surgir de sa propre force dans le réel, elle est faite de volontés pensantes pour lesquelles les instincts confus qui sont en elle se dissolvent en spéculations intellectuelles. Elle est une certaine orientation de la vie humaine, d'une sagesse supérieure aux sagesses individuelles, et ce qui, en elle, est tendance obscure et énergique, sera, chez quelques-uns au moins de ses membres, aspiration consciente. Étant pour ceux qui la composent la loi même, ce qui commande, et leur assignant un but à atteindre, une destination à remplir, elle est par là une certaine interprétation du réel, une philosophie en action. Cette subordination à certaines fins qu'elle impose aux individus et qui est non seulement acceptée, mais comprise par les meilleurs d'entre eux, comment existerait-elle, si ces fins proposées n'étaient motivées par une conception de l'existence qui se formule dans les lois, dans la philosophie, et s'exprime symboliquement dans tout cet appareil extérieur d'une société qui est la civilisation et les arts? Il faut que les aspirations dont elle est faite deviennent chez ses membres des instincts raisonnés, des fins motivées ayant leur signification dans une certaine explication des choses. Sans une métaphysique, sans une interprétation du réel, une société ne peut donc être. Faite de volontés, elle a ses bases dans les âmes, elle repose sur une philosophie plus ou moins explicitement formulée et acceptée, dont les arts, la civilisation, les institutions sont comme l'illustration qui la rend sensible et convaincante aux esprits même les plus dénués de réflexion. En un mot une société proposant à la vie humaine une fin supérieure aux fins passagères et individuelles, ce but affirmé implique une réflexion sur le réel qui s'élabore dans quelques esprits; réflexion nécessaire et possible dans des conditions qui restent à déterminer; possible malgré les limites d'une pensée qui, dès qu'elle veut aller au fond des choses, se heurte à des antinomies à tel point que l'antinomie est pour elle le symbole même de l'absolu, l'indice de la prise de contact de notre esprit avec les réalités supérieures et dernières.

III. — L'existence du réel n'est pas l'existence abstraite de l'objet; l'opposition du sujet et de l'objet se supprime dans cette affirmation de l'existence universelle qui fait le fond de l'affirmation de l'existence personnelle.

Une première appréciation de la portée de ce mot, le réel, nous montre le réel opposé à l'humain, s'opposant à l'idée, s'opposant à l'œuvre de la volonté individuelle, comme l'existence objective à ce qui n'a qu'une existence idéale, une ombre éphémère d'existence. Mais le réel n'a pu être posé ainsi comme ce qui existe vraiment et n'a que l'existence, qu'en faisant abstraction de la corrélation entre le sujet connaissant et l'objet existant, et comme par une violence faite aux lois de l'esprit, violence au prix de laquelle ressort pour nous le caractère irréductible et l'infinité du réel. Rigoureusement, le réel ne saurait être l'objet, ce qui a besoin pour être pleinement, d'être connu, et par suite a besoin d'autre chose que soi et implique un sujet connaissant, — car alors le réel serait incomplet. Néanmoins, cette opposition du réel et de l'humain (qui n'est pas seulement l'opposition logique de deux termes corrélatifs, dont précisément elle réduit l'importance, — mais fait en quelque sorte s'évanouir et anéantit le second terme devant le premier), malgré ce qu'elle peut avoir d'illogique au point de vue littéral, n'est pas dépourvue de signification ; elle est peut-être très instructive sur l'essence dernière du réel qu'elle nous fait chercher, non dans l'objet, mais dans un mode concret et primordial de l'existence, où la scission toute idéale entre le sujet et l'objet s'abolit, ou apparaît secondaire.

Cette alternative : être ou n'être pas, constitue en quelque sorte la péripétie d'où se dégage pour nous le sentiment et la notion du réel. Sans doute en posant l'existence du réel, l'homme dit implicitement au réel : tu existes comme moi-même. Il le conçoit en opposition, mais par analogie avec l'existence de soi (d'où l'anthropomorphisme). Mais cette opposition se résout ; elle est artificielle, elle est purement logique et abstraite. Le non-moi, c'est encore le moi. Le moi, c'est l'homme en général, le genre humain, l'esprit humain, non la caduque individualité, un des mille et mille visages (*persona*) de l'humanité ; c'est l'espèce humaine et derrière elle, l'animal, le vivant, l'existence universelle, arrivant par elle à la conscience. Ainsi de part et d'autre se retrouve en dernière analyse le même terme, l'existence, avec le même sens, la vie universelle.

L'être doué de conscience, vivante analyse du réel, se met fictivement en marge du réel pour le percevoir, comme il sort de lui-même, comme il vit en marge de sa propre existence et se dédouble pour se connaitre. La conscience est condition de la connaissance, et cette forme d'existence et d'activité, l'existence subjective et individuelle, la volonté subjective et individuelle, — s'éliminant d'ailleurs d'elles-mêmes dans la continuité du réel, — est nécessaire pour que la conscience soit. Mais la conscience ne pose son existence ou plutôt l'existence du moi comme type de l'existence qu'en se trompant elle-même, le sujet phénoménal s'appliquant à lui-même en tant qu'il s'attribue l'existence dans la pleine acception du mot, une catégorie qui le dépasse. — Il semble en effet que l'homme embrasse le réel par la connaissance et la contemplation, de toute l'ardeur, de toute l'intensité du sentiment par lequel il comprend ce qui lui manque pour être ce qui est : aussi se met-il tout entier dans cette représentation qu'il tente de superposer à cette multiplicité de rapports qui le lient au réel, et qui exprimera à la fois cette réalité objective et ces rapports. L'affirmation de notre existence, de mon existence, est au fond l'affirmation de l'existence universelle. « Je suis, dis-je ». Qui ? moi, cet être individuel et éphémère, qui ne vaux qu'en me rattachant à un ensemble, à une généralité? Non, pas moi, mais l'humanité; non, pas même l'humanité, l'univers; mieux encore, le réel, substratum de tout univers. Puis-je me vouloir seul? Puis-je ne pas vouloir solidairement tout cet ensemble de choses et d'êtres à moi liés si indissolublement que l'immortalité individuelle est un vœu absurde, et dont on ne peut concevoir la réalisation sans déception, à moins de la concevoir comme une répétition puérile. Quand je m'affirme ou me veux existant, j'affirme donc surtout le réel comme existant et le veux existant, sans qu'il y ait entre ces deux propositions autre chose qu'une nuance grammaticale.

Il faut, il ne s'agit, pour avoir une idée de ce qu'est le réel que de donner au mot existence sa pleine acception et toute sa portée. Il ne faut pas voir uniquement dans l'existence cet attribut abstrait que possède pour nous tout fait constaté ou toute chose qui est pour nous objet de connaissance; elle veut être entendue en un sens plus profond que dans l'adage : *esse est percipi*. Ce n'est pas être qu'être simplement un spectacle. C'est pour avoir pris pour type de l'existence, l'existence de l'objet, qu'on a été amené à regarder l'existence pure comme un attribut abstrait. Cette pensée discursive qui procède par distinctions et par oppositions purement verbales a oblitéré le verbe être par un long usage, en l'appliquant à l'énonciation de rapports. Il faut, pour en raviver la signification, recourir à l'intuition spontanée et neuve, au sentiment qui peut avoir raison de confondre ce que la pensée logique distingue et oppose.

IV. — États qui avivent en nous le sentiment du réel émoussé par la vie courante.

Nous le sentons, quelque chose existe. Le réel est sans cesse présent à notre pensée et la sollicite; notre pensée s'en pénètre. Mais en même temps aussi elle s'habitue à la présence du réel; nous perdons la faculté de nous étonner de l'existence des choses; nous les percevons, mais leur existence n'est pas un fait qui nous donne à penser; ce que nous en percevons n'est qu'un spectacle, une histoire dont le sens et le dénouement nous échappent. Continuellement mêlées à notre existence, interprétées comme des dépendances de nos facultés et de nos fonctions, les choses réelles finissent par faire partie intégrante de notre être moral, physique et sensoriel; nous ne les sentons pas plus exister que nous ne nous sentons exister; elles sont devenues inaptes à nous procurer le choc du réel. Il faut quelque chose d'inaccoutumé, de nouveau, de rare, d'exceptionnel pour nous redonner cette sensation, à moins que nous n'ayions cette curiosité toujours en éveil de l'observateur de la nature ou de l'artiste, pour qui les choses maintes fois vues restent par quelque côté nouvelles, pour qui aucune chose en devenant accoutumée ne perd tout son mystère. Et ce sentiment du réel que nous procure toute chose discernée par nous comme nouvelle, ou belle, ou rare, ou insolite, consiste en ce que notre pensée hésite, se demande si elle ne rêve pas, s'interroge sur la réalité de ce qui lui apparaît, reconnaît en définitive que cette chose n'est pas seulement une conception de notre esprit. Dans la vie ordinaire, toute chose dont nos sens sont affectés, est, par une opération automatique de l'esprit, ramenée à nos préoccupations courantes, à nos idées habituelles, à quelqu'une des fins passagères que notre activité poursuit ; nous les portons avec nous, ces préoccupations et ces idées, nous les projetons hors de nous, et ainsi nous sortons rarement de nous-mêmes. L'action, la vie, et plus exactement la pratique sont plus réelles pour nous que les choses existantes. Pour que nous nous apercevions de la réalité, il faut le contraste, la nouveauté, ce qui déconcerte nos prévisions et notre attente, ou bien encore une certaine symétrie ou perfection qui nous fait penser à de l'intelligence et de la finalité, et qui, en un mot, parle à notre pensée un langage qu'elle comprend. Il faut une certaine émotion intellectuelle qui nous prévient et nous retient, ou une singularité, un imprévu qui nous occupe aussi parce qu'il nous donne à penser, parce qu'il nous pose un problème, parce qu'il n'est pas quelque chose que notre esprit aurait pu prévoir et inventer.

N'y a-t-il pour nous donner, pour raviver en nous le sentiment du réel que la réalité contemplée ? Ce sentiment, la réalité discernée au dedans de nous ne nous le fait-elle pas aussi retrouver ? Assurément. Il y a dans notre conscience des faits, des idées, des pouvoirs, une réalité peut-être, dont l'habitude émousse pour nous le sentiment et que, mieux que la réflexion, certaines circonstances font reparaître. Dans les courts passages où domine en lui l'inspiration morale ou artistique, il semble à l'homme que quelque chose en lui est changé, il ne reconnaît plus ce qui agit en lui. Ne serait-ce pas qu'à ce moment il s'apparaît à lui-même comme étant une âme? Ne serait-ce pas qu'alors il se sent exister et non pas seulement vivre et agir? Il se sent exister et non pas seulement telle passion ou idée qui règne en sa conscience. — C'est une révélation du monde moral qui s'accomplit. — Que de vérités luisent en nous à leur heure, pour lesquelles ni l'expérience des autres, ni la démonstration ne peuvent remplacer ni toujours avancer l'intuition directe. Or, le monde moral, c'est encore le réel. — Il peut se produire soudainement une disposition de l'âme par laquelle, dans les faits et les objets du milieu extérieur que l'habitude et la continuité des mêmes impressions nous a rendus presque indifférents, vient à apparaître un élément d'intérêt; de même pour les vérités traditionnelles, il y a une heure de la vie où elles sont senties, où la réalité ou le fait dont elles nous parlaient dans un langage jusque-là incompris, brille d'une évidence indéniable, où elles sont pour nous le réel et non pas une simple idée.

Certaines émotions font apparaître l'âme dans l'être machinal, rompent cette accommodation de l'être au milieu, dans laquelle le sentiment de notre existence et celui de l'existence des choses s'émoussent. Envisagé avec calme, un danger présent, si différent d'un danger imaginé, change momentanément notre perception du réel, nous rend tout autre, en un mot nous enlève à la vie machinale; une sorte d'inspiration se développe en nous par laquelle l'adaptation de nos facultés à des circonstances d'un caractère insolite se produit aussitôt.

Ce n'est pas de l'étonnement que l'âme ressent; mais plutôt elle se sent envahie par des sentiments qui lui sont nouveaux, non oppressée. Il y a quelque chose de changé en nous, nous nous faisons l'effet d'un autre et en même temps nous ne sentons plus notre corps, nous croirions presque ne pas exister, corporellement du moins, nous vivons comme en un rêve lucide. Peut-être le sentiment de l'existence vitale est-il remplacé par le sentiment de notre existence psychique. Notre pensée s'attache curieusement à la contemplation de l'univers extérieur comme à une sensation toute nouvelle, ou rare, ou dernière. On dirait que, en présence de cette alternative : être ou n'être pas, — en même temps que vaincu par l'imminence de la destruction, l'attachement à la vie matérielle s'évanouit, — le sentiment de notre existence métaphysique s'exalte et se précise. Le sentiment de la réalité du monde extérieur sensible, représentation périssable qui a son support en notre esprit et notre organisation sensorielle, est aussi ravivé.

Non moins que l'angoisse physique du danger, saine à de certains égards, les angoisses morales renouvellent la perception du réel. Dans la responsabilité notamment, entre comme élément le caractère irrévocable de l'action une fois accomplie, et qui, suivant le mot de lady Macbeth, « ne peut plus ne pas être », existe à moins que rien n'existe, ni la conscience, ni l'univers. Et le sentiment qui étend notre existence personnelle jusqu'à nous faire vivre en autrui et à en faire dépendre notre bonheur, a aussi ses crises, ses péripéties, ses catastrophes, qui peuvent porter l'homme à perdre le désir de vivre et lui font remettre tout en question. Que cette fragile raison d'exister, qu'est pour lui un certain sentiment avec ses joies et les actes qu'il inspire, vienne à lui manquer, tout n'est plus que mystère pour lui, tout lui devient problème, cette douleur morale qu'il n'est pas le premier cependant à éprouver, et l'existence même.

Mais l'action proprement dite serait-elle la seule manifestation de l'homme au cours de laquelle le sentiment métaphysique de l'existence du réel ne soit pas rendu plus intense? Assurément non. L'action a, elle aussi, un profit philosophique très positif; non moins que l'analyse et la contemplation. Dans l'action se révèle souvent à nous mieux que dans la méditation le fond de notre nature. Ce n'est pas la méditation toute seule qui peut nous procurer ce contact du réel qui se résout pour notre conscience en un sentiment très particulier et assez rare; il y faut l'influence des événements qui nous modifient et nous contrarient; et aussi l'action, qui seule fait saillir en notre âme des dessous ignorés, des puissances qui resteraient obscures et indéterminées, inconnues de nous et des autres. Relativement à la réalité extérieure et sensible, l'action nous fait vivre comme dans un rêve, la volonté et l'idée s'affirmant dans l'action comme réalités souveraines. Par contre, dans les moments de répit[1], nous aurons de la réalité extérieure une perception plus intense et plus

---

[1] « Le drame et la poésie se pénètrent comme toutes les facultés dans l'homme, comme tous les rayonnements dans l'univers. L'action a des moments de rêverie; Macbeth dit : *Le martinet chante sur la tour*. Le Cid dit : *Cette obscure clarté qui tombe des étoiles*..... » (V. Hugo, *Les Rayons et les Ombres*, préface).

neuve, et cette nature sensible, cet univers qui, l'instant d'avant, n'existait pas pour nous, nous croirons la découvrir, la voir pour la première fois. A la différence d'une occupation machinale qui hébète, l'action originale nous rend plus lucides par cette tension de toutes les facultés qu'elle impose. Considérée en elle-même, ne produit-elle pas des changements constants dans nos rapports avec le monde sensible et le monde moral? Ne nous introduit-elle pas en de telles conjonctures que certains sentiments, dont à peine pouvions-nous nous faire une idée, se développent en nous, que tels faits que la plupart des hommes ne connaissent que par description nous affectent directement, nous étreignent de leur présence sans que nous en soyons étonnés? Le danger, qui est l'élément naturel de l'action dans une de ses formes, ne nous fait-il pas apparaître avec un caractère de réalité particulièrement vigoureux et, dans un éclair rapide, et le milieu extérieur et notre propre nature? L'action ne déchaîne-t-elle pas en nous certaines forces ignorées, impersonnelles, de même nature que l'inspiration, ne nous fait-elle pas toucher certains fonds de notre être, inconnus? Tout se tient dans le monde moral. La volonté s'exaltant fait apparaître l'âme, et dans l'âme, Dieu. Plusieurs hommes d'action dans la plus pure acception du mot, l'ont éprouvé. Il a pu leur sembler qu'ils agissaient dans le sens de la Destinée, d'intelligence avec elle, qu'ils étaient dans un courant; ou tout au moins, débarrassés de toute crainte sur l'issue de leur entreprise, non moins que de toute crainte personnelle, ils ont pu se regarder comme de simples instruments dans la main de la Divinité. Ils ont eu ainsi une révélation du réel. Quand le moi (non la volonté) est aboli, quand les choses et les faits extérieurs n'ont plus pour nous leur signification accoutumée tirée de quelque relation existant entre eux et nos besoins ou notre instinct de conservation, — faut-il s'étonner que des sentiments nouveaux s'éveillent, indices d'une réalité pour la connaissance de laquelle nous n'avons que faire de nos idées et notions usuelles, — à laquelle peut-être ne convient aucun des attributs que nous en pourrions affirmer ? Quel rapport entre les choses finies, connues de nous, pourrait devenir pour nous l'image des rapports existant entre ces trois termes : la volonté, l'âme, le divin ; quelle sorte d'existence leur être attribuée ? — Or, dans l'action, non seulement notre perception du réel est plus aiguë, plus immédiate et comme renouvelée, mais encore s'éveille en l'homme ce sentiment plus rare d'une réalité autre que le monde sensible et le moi. Cette réalité en tant qu'elle est encore moi, mais un moi comprenant mieux toutes choses, pour qui tout devient clair, c'est l'âme ; en tant qu'elle est cette clarté même, cette intelligibilité de tout, elle s'appelle Dieu. Ici, les paroles deviennent forcément inadéquates aux choses exprimées. Le sentiment, l'état que nous procure cette réalité peut être énoncé en ce seul mot : nous comprenons; nous nous élevons au-dessus des contingences. Dans la perception du réel, de ce réel qui est en face de nous, non au dedans de nous, l'existence des choses était pour nous un étonnement, un mystère, un problème ; nous nous demandions ce que c'est qu'exister, nous répétions ce mot sans parvenir à en pénétrer le sens. Penser l'existence était pour nous penser un mystère. Or, ce mystère, cette compréhension à laquelle nous atteignons par la vie de l'âme le dissout. L'existence qui implique contingence, dualité, extériorité, et est inséparable du temps et de l'espace, est donc abolie comme idée dans une pensée pour laquelle le problème de l'existence est résolu, et qui comprend. L'intelligibilité supprime la contingence et substitue à l'existence, attribut du fait, passant à l'état de terme subordonné, la vérité se contemplant elle-même. Or, relativement à cette dernière réalité qui est absolue, l'affirmation de l'existence devient une affirmation superflue et dépourvue de sens.

S'étonner et comprendre : tels sont les deux termes entre lesquels se développe et se donne carrière ce sentiment du réel auquel nous atteignons quelquefois, et dans lequel s'unissent la perception de faits et de circonstances très individuelles et une compréhension momentanée de l'universelle réalité qui se reflète et s'exprime dans les existences particulières. Tel épisode de réalité, dans lequel nous sommes à la fois agissants et affectés au dedans de nous par les choses extérieures, parce qu'il nous excite à nous poser le problème de l'existence, parce qu'il nous fait penser à la réalité considérée dans son fond et dans son universalité, nous en devient non seulement un aspect, mais une représentation, et ainsi prend un sens en devenant un symbole.

V. — Point culminant de l'intuition du réel : le sentiment du beau, forme de l'amour de l'existence chez l'homme. — Le beau et le divin.

Distinguée de la pensée proprement discursive et qui se meut dans le cercle des choses finies, la pensée de l'homme, d'après ce qui précède, nous apparaît vraiment pensée lorsqu'elle pense le réel. C'est là, semble-t-il, son office propre. Le caractère de l'être pensant se marque en ceci qu'il dit à la réalité : tu existes comme moi-même. Dans sa propre existence et dans l'existence de chaque chose que sa pensée considère et qui prend place dans sa représentation de l'univers, il prend conscience de l'existence universelle. Ainsi, comme acheminement à l'affirmation d'une réalité dans laquelle il est enveloppé, l'homme se retrouve lui-même dans chaque chose dont il affirme l'existence ; de là l'anthropomorphisme naturel à la pensée primitive, légitime dans son principe, reflété par la parole qui réagit à son tour sur la pensée pour la confirmer dans l'anthropomorphisme.

N'y a-t-il pas comme un rappel de cet anthropomorphisme, dans ce sentiment (la plus haute révélation du réel peut-être), que nous inspire la beauté dans les choses naturelles, sentiment qui est une sorte d'amour abstrait? En transportant l'existence de soi aux choses, l'homme apprend à y faire abstraction des éléments caractéristiques d'une existence personnelle ; par un processus analogue, l'amour et l'admiration, après avoir eu pour premier objet la forme humaine à laquelle l'art revient sans cesse comme à la plus parfaite beauté, — pris en quelque sorte au sens métaphorique, se sont transformés en un sentiment esthétique plus général, s'adressant à la nature entière, mais non entièrement différent quant au fonds. Une chose belle, dépourvue cependant de sentiment et de pensée, se trouve ainsi être envisagée par nous avec des sentiments qui nous la font considérer pour ainsi dire comme l'égale de l'être pensant, de la personne, et l'émotion qu'elle nous inspire participe au figuré, tout à la fois de cet amour, de cette admiration, de cette sympathie mêlés de respect qu'excite la perfection morale unie à la perfection physique dans l'espèce humaine.

Dans le sentiment du beau, cette pensée de l'homme qui s'est dispersée dans l'univers et par un effort d'abstraction s'est identifiée tour à tour à chaque chose, se retrouve elle-même dans une des créations de cet univers. En réalisant le beau, la réalité semble se faire humaine, donnant raison à cet anthropomorphisme à forme de plus en plus raffinée qui fait le fonds de la connaissance, sans lequel il n'y a pas de connaissance. Cette réalité que les opérations de l'esprit ont ramenée à des systèmes d'idées, ont émiettée par des divisions et des distinctions, se trouve soudainement reconstituée devant nos yeux ; les plus puissantes généralisations de l'esprit scientifique apparaissent comme des vérités de détail, particielles. Devant nous est bien cette réalité à laquelle l'homme attribue cette même existence qu'il sent en lui, et dans laquelle l'existence qui n'est qu'un effet se complète par son principe et sa raison d'être dans une union qui reproduit celle de l'âme et du corps.

En se manifestant comme belle, la réalité nous laisse pressentir qu'elle est intelligible, que l'existence, que ce vouloir vivre universel, cet amour de l'existence et de l'action, qui peut-être en sont le fonds, ont une raison, et du même coup elle suggère à l'être humain une raison de vivre, tout au moins un idéal. L'amour de l'existence n'est pas chez l'homme un amour seulement instinctif et limité à l'existence personnelle. En tant que cet amour tend à devenir réfléchi et motivé, conscient et raisonné, le sentiment de la beauté du réel n'en constitue-t-il pas un des moments ? Assurément, si l'on considère que, de même que la réflexion de l'être pensant sur son existence personnelle enveloppe l'affirmation de l'existence universelle, de même son amour de l'existence n'est pas seulement amour de l'existence pour son propre compte, mais amour de toutes choses avec lui. Ne perdons pas de vue que tout ce qui est en l'homme, tout ce qu'il est, a un caractère d'universalité. Dans ce caractère irrévocable de ses actes volontaires une fois accomplis, il éprouve cette même nécessité qui fait exister les choses telles et non autres. De même dans tout sentiment relatif à un état caractéristique que nous expérimentons en nous, il y a un au-delà, un contenu inépuisable, en sorte que ce sentiment exprime une condition qui nous est commune avec les autres êtres. Rien de ce qui affecte l'homme ne peut rester à l'état de modification purement individuelle ; ne réunit-il pas en lui tous les éléments de la réalité, la matière en ses divers états, la vie, l'intelligence créatrice ; comme il les réunit en soi, il les reconnaît dans la nature extérieure, et n'est par excellence l'être connaissant que parce que aucune chose ne lui est étrangère. Tout don, faculté, sentiment et aussi l'amour de l'existence a chez lui une signification universelle et idéale. Plus que les autres êtres, l'homme comprend la réalité, précisément parce que, pour lui, aimer l'existence n'est pas seulement vouloir vivre, c'est être ému de la perfection et de la beauté des choses, aimer ce qui est, se sentir en harmonie avec la réalité et puiser dans cette contemplation le goût de la vie, une raison d'exister. L'homme s'aime non seulement comme individu, mais comme espèce en ses semblables et même dans les autres êtres de l'univers; ses rapports avec ses semblables lui deviennent un type d'après lequel il réalise cette relation dans laquelle il entre non seulement avec les autres êtres, mais encore avec les principes et éléments qui composent le réel. Il y voit des forces, et primitivement des dieux, c'est-à-dire des hommes d'une essence incomparablement supérieure à notre nature. Telle sera la première conception de l'univers. Mais le polythéisme reste vrai d'une vérité esthétique, sinon philosophique ou littérale. Pour l'antiquité, la réalité était divine, pleine de dieux, divine et par conséquent humaine en même temps que surhumaine, car aucun dieu ne se conçoit qui ne forme avec l'homme une société; il reste qu'elle est belle en son ensemble et dans ses épisodes, belle, c'est-à-dire humaine, comme l'homme est lui-même un abrégé du réel.

Nous avons vu que le sentiment du réel nous élève tout naturellement à l'Absolu. De même beau et divin nous apparaissent comme termes presque synonymes. Le divin, c'est, tranchant sur la réalité objective qui au premier aspect n'est que chose, le surhumain à la fois et l'humain. La réalité, de même, se manifeste comme belle en étant humaine à la fois et surhumaine, en ce que la beauté correspond à la plus haute perfection de l'acte perceptif, et tour à tour nous exalte hors des limites de notre individualité et nous ramène et nous arrête sur nous-mêmes.

II

L'HOMME

1. — Difficulté et nécessité de faire abstraction, dans la conception du réel, des déterminations métaphoriques ou anthropomorphiques inhérentes aux existences particulières.

Nous voilà loin de cette conception d'après laquelle le réel serait simplement le sensible ou le matériel, — ce réel dont nous ne prenons connaissance que par nos facultés les plus hautes ou dans une exaltation passagère et exceptionnelle de notre être moral. Il n'est pas la nature, pas plus qu'il n'est ce que perçoivent nos sens ; une nature (*natura naturata*) se résout pour nous en des réactions vitales exercées réciproquement et subies par diverses sortes d'êtres, se traduisant chez les organismes supérieurs par des sensations, et servant de base à une représentation d'ensemble. L'idée d'un tout ne semble guère davantage une détermination qui lui convienne, faute pour l'esprit de pouvoir s'élever au delà de la notion d'un ensemble matériel. Là où nous cessons de comprendre et où nous voulons comprendre, pénétrer plus avant, là où nous nous trouvons en présence de ces antinomies que soulèvent le limité et l'illimité, l'infini en grandeur et en petitesse, la cause première et la fin dernière, le progrès ou l'émanation, — là, nous nous heurtons au réel. De par son imagination, l'homme tend presque invinciblement à s'en former une représentation qui est dès lors une Nature. Mais les sensations à l'aide desquelles il compose cette nature, cette allégorie du réel, ne sont qu'un langage empreint d'anthropomorphisme et sous lequel, au plus profond de notre esprit, se laisse discerner et se dégage l'idée de quelque chose qui dépasse la puissance de conception de notre intelligence, la jetant dans des antinomies, — et que nous pressentons néanmoins très simple, — de quelque chose de plus haut et de plus parfait que tout ce que nous rêvons, espérons ou désirons dans nos aspirations vers la perfection, — de fort comme la destinée, — de nécessaire (de cette nécessité qui fait que le plus parfait, le plus rationnel est réalisé), — d'impérissable comme le vrai, — qui est le réel. La philosophie, dans sa partie la plus essentielle, en est l'étude, en tant qu'elle s'efforce d'embrasser dans leurs rapports, dans leur union, la réalité extérieure et l'homme, la pensée et les choses, l'univers comme représentation et la vie intérieure de l'âme, révélatrice de l'essence intime des choses, de leur dedans, de la force intérieure qui les fait durer, périr et se renouveler sans fin, — en tant qu'elle en reconstitue l'unité concrète et primordiale.

Le réel est l'être dans sa plénitude, non la catégorie la plus abstraite de toutes, mais l'être concret. Il est un. Nous n'en avons pas l'intuition tant qu'il est pour nous un spectacle, une représentation; il faut que la dualité du moi et du non moi s'efface pour que le réel se pose. L'appétit de connaître, après tout, est-il autre chose que la recherche de cette unité concrète ; l'idéal pour l'être particulier n'est-il pas de se compléter ? Les antinomies auxquelles nous nous heurtons dès que nous essayons de concevoir un univers matériel subsistant par lui-même avec ou sans limites dans l'espace et dans le temps, naissent toujours de ce que dans sa recherche de l'unité, l'esprit a inconsidérément fait abstraction de l'une des choses qu'il fallait unir. Il ne faut pas diviniser l'univers, le périssable, mais chercher derrière l'univers l'Un parfait et l'Être.

Interpréter les antinomies comme une limite au delà de laquelle notre esprit qui se meut couramment dans l'abstrait, doit renoncer à comprendre, à moins d'essayer d'instituer une union entre l'objet qu'il considère et ce dont il fait abstraction pour le considérer à part, — penser l'être en débarrassant cette notion de toutes les déterminations inhérentes aux existences particulières et contingentes, telle est la marche par laquelle l'esprit arrive à discerner le réel derrière la fantasmagorie des phénomènes.

Combien de difficultés soulève notamment, dès qu'il s'agit de concevoir l'être, le penchant invincible de notre esprit à recourir à une représentation forcément métaphorique prenant pour point de comparaison la condition des existences particulières ? — Le réel, se demandera-t-on, est-il vraiment ? Puisque quelque chose devient, puisque quelque chose n'est pas encore, reste dans le futur, le réel fait de passé et d'avenir est et n'est pas. Admettons qu'il soit ; alors, ce qui est à venir, étant exempt d'indétermination, est comme s'il était déjà ; et dès lors, que devient la distinction entre le passé et le futur, fondement de la notion de temps ; à quoi bon ce développement successif dont la raison d'être ne semble pouvoir être qu'un progrès et qui ne mettra au jour rien de nouveau. L'idée du progrès, d'ailleurs, ne soulève pas de moins considérables difficultés, prise dans son sens littéral. Comment, d'un état des choses inférieur, peut sortir un état supérieur ? Par l'intervention de quelle force autre que l'instabilité de ce premier état, qui est précisément le fait à expliquer et ne saurait être invoqué comme principe d'explication ? Comment le progrès (contrairement à ce qui se produit d'ordinaire), ne nous ferait-il pas compter pour rien le passé, ce dernier se supprimant en quelque sorte dans ce qui vient ensuite, et tous les moments du développement dans le but final qui en est l'unique raison d'être ? — Or, les difficultés naissent de ce que l'on assimile l'existence du réel, l'existence universelle, à la production dans le temps, à un certain moment du temps, d'un fait particulier; de ce que l'on transporte métaphoriquement au réel, — en faisant application de l'idée du progrès, — un mode d'existence spécial aux organismes qui empruntent au milieu extérieur les éléments nécessaires à leur accroissement ; elles viennent encore de ce que l'homme conçoit l'activité universelle sur le modèle de la sienne, asservie à un but, et avec cette impatience du but atteint qui fait que les actes, par lesquels il y tend, ne comptent pour lui, ne sont quelque chose que dans la mesure où ils l'en rapprochent, et ne sont plus rien dès qu'il est atteint. Or, par contre, dans le réel tout a son prix, chaque existence, chaque moment, chaque état des choses; la morale et l'esthétique nous l'apprennent. — Toutes ces déterminations trop particulières et contradictoires dont on tente hypothétiquement l'application au réel, il les enveloppe, les contient éminemment, mais en même temps les annule ou résout leurs contradictions.

II. — L'art, la civilisation et l'histoire, seconde nature, nous aident à comprendre le rapport de la nature au réel et à embrasser le réel dans son unité.

L'intuition du réel, nous l'avons vu, est l'œuvre de la réflexion philosophique, ou peut être l'effet chez tout homme de circonstances particulières assez rares déterminant un état d'âme favorable à sa production; dans l'un et l'autre cas, elle a donc un caractère assez exceptionnel. Pas aussi exceptionnel qu'on pourrait le croire cependant. En ce qui concerne la réflexion philosophique, particulièrement (nous l'avons vu), cette occupation de l'esprit est loin de constituer un art purement individuel et arbitraire; elle a bien plutôt le caractère d'une fonction d'ordre collectif par l'intermédiaire de laquelle l'intuition du réel réagit sur les idées dont s'alimentent la vie sociale et les institutions, et par suite (à leur insu), prend place dans l'existence et dans l'organisation mentale des individus même les plus réfractaires à toute culture métaphysique. Mais ayant une portée sociale, pour ne parler que de celle-là, cette réflexion sur les questions d'ordre général à laquelle quelques-uns se livrent pour tous, a nécessairement une base historique. Or, où mieux que dans l'histoire se révèlent

3

unis l'un à l'autre, dans cette unité concrète qui est l'essence même du réel, l'homme et la nature extérieure, la volonté et la destinée, — dans l'histoire et dans la civilisation, dans cet appareil extérieur de la civilisation par lequel le passé se survit à lui-même dans le présent, — et j'ajouterai, dans l'art, cette parure suprême, ce point culminant des civilisations, — par lequel elles atteignent à une sorte d'éternité indépendante de leur durée matérielle, et cessent d'être un fait purement local pour prendre un intérêt universel et humain? Il y a dans l'histoire et l'art, ayant pour moyen terme entre eux la civilisation, comme une expérimentation spontanée par laquelle ce réel dont nous sommes, se pose dans son unité vivante, et qui en rend l'intuition plus accessible. — Relativement à cet objet, l'art et l'histoire peuvent être indifféremment pris l'un pour l'autre. La commémoration du passé a partout été le premier thème que l'art se soit proposé et en même temps le premier objet, la première forme de ce désir d'immortalité qui est resté l'âme de toute création artistique; et il y a dans toute œuvre d'art un rappel d'une complexité infinie de sentiments, d'images et d'aspirations qui plongent leurs racines fort avant dans le passé historique et même biologique; une œuvre d'art ne peut viser à l'éternité et à la vérité que parce qu'elle n'est pas l'œuvre d'un jour. Et, d'autre part, que le passé puisse revivre dans le présent, devienne histoire en un mot, subsiste devant nos yeux et dans nos mémoires, tout n'est dans cette survivance et dans cette reconstitution, devenues chose naturelle, qu'art dans la plus complète acception du mot, et aussi dans ses plus diverses acceptions. Même l'art, à certains égards, réalise une synthèse plus complète, donnant place dans ses aperçus de réalité, non pas seulement à ces personnages et à ces épisodes représentatifs dont s'occupe surtout l'histoire, mais encore à l'homme individuel dans lequel nous reconnaissons l'un de nous et par suite la condition générale de l'homme, et à des faits qui n'ont rien de marquant au point de vue du développement historique, mais qu'il nous montre participant de la vie universelle par cela seul qu'il en fait ressortir le caractère individuel. Avec l'art, qui enveloppe l'histoire prise elle-même dans son sens le plus étendu et embrassant les rapports de la race humaine avec les autres êtres et phénomènes de l'univers (rapports que la science systématise), — nous nous replaçons, comme par les émotions morales intenses, la vie et l'action, dans le courant du réel. Nous ne pouvons en effet comprendre le réel qu'en nous y replaçant comme partie intégrante. Il en est du réel comme du beau. Le beau n'est vraiment senti et par suite réalisé et posé qu'autant que nous sommes nous-mêmes devenus partie de cet ensemble à l'occasion duquel naît le sentiment du beau. Être le beau, être beau soi-même par disposition intérieure est antérieur à l'acte de contempler le beau. Être le réel subjectivement est antérieur à l'acte par lequel nous le posons, et dans cet acte est le plus essentiel. Cette similitude entre ces deux sentiments nous est un indice de plus de la nécessité où se trouve la pensée philosophique de pénétrer la nature du réel en prenant pour point de comparaison l'art.

Il y a plus : autre chose est le réel, autre chose la nature, l'univers. Mais la question de leurs rapports, du passage de l'un à l'autre (qui, la question étant écrite en d'autres termes, s'appellerait question de la création), se pose; et comment mieux la résoudre qu'en prenant pour moyen terme cette seconde nature, l'art ou la civilisation? Et cet appareil de la vie humaine, à son tour, où tout nous paraît artificiel, par où et comment se rattache-t-il au réel, à la nature, sur quoi repose-t-il, quel degré de réalité convient-il de lui attribuer? A la différence de l'Être, d'ailleurs, dont nous avons intuition directe par les plus hautes facultés de notre pensée, la Nature est une représentation et par suite une construction de l'esprit dans laquelle des facultés analogues ou identiques aux facultés de la création artistique entrent en action.

III. — L'homme et l'animal; comment l'homme est préparé, par tout ce qui le distingue de l'animal, à poser le réel. — La vie spécifique, et la conscience individuelle avec le dédoublement de soi qu'elle implique.

Avec l'homme, le réel se pose. L'existence subjective et particulière, consciente d'elle-même et se faisant centre de la réalité à un point de vue d'abord nullement spéculatif, est nécessaire pour que l'existence universelle soit posée. Mais cette existence personnelle ne va pas sans une nature dans laquelle elle se trouve profondément engagée, composé de nos sensations exprimant les rapports biologiques de l'homme avec les autres êtres. Cette vie régie par l'instinct de conservation corporelle est la base sur laquelle se développe la vie impersonnelle de l'esprit qui vise à l'universel et conçoit le Réel. Et comme l'esprit a indissolublement pour support l'existence particulière du moi personnel, ainsi il ne peut non plus penser le réel qu'à propos de ce composé de sensations, de cette représentation n'ayant de signification que par les rapports biologiques de l'homme avec les autres êtres, qui est la nature.

L'animal existe surtout comme espèce, répétition indéfinie d'un même type. Il obéit à l'instinct, et c'est dans la conservation de l'espèce qu'est le vrai centre de son existence. La variabilité, la divergence croissante des types individuels, la liberté en un mot, la volonté d'être quelqu'un, est au contraire le trait dominant de l'homme qui n'est l'homme qu'autant que chacun des êtres composant l'humanité est une personne. — L'homme se prépare à être une fin en soi, un être auquel rien n'est étranger dans l'univers et dont les pensers sont universels, en ramenant tout à soi. D'un même trait de sa nature découlent la dignité de la personne, la réflexion sur soi et les choses, et un égoïsme féroce qui n'épargne pas ses congénères. Il est meilleur et plus mauvais que l'animal[1], entendez : capable de bien et de mal. Il erre, il est faillible, pervers, méconnaît ses instincts naturels à la différence de l'innocent animal que la bonne nature guide sûrement. — Sa supériorité future est d'abord infériorité physique et même morale. Il

---

[1] Sous certains rapports, « l'homme a débuté par être non pas semblable, mais bien inférieur aux animaux ». Létourneau, *L'évolution de la morale*, p. 135. — Cf. *ibid.*, pp. 76, 110.

est le naufragé de Lucrèce, jeté nu sur la plage inclémente, non seulement nu de vêtements, mais de bons instincts. Il n'est homme qu'à la condition de fuir la nature, de s'émanciper de la vie purement animale et même de ces instincts familiaux et sociaux qui, chez l'animal, semblent des vertus. Plus tard seulement, il recevra le conseil de suivre la nature, lorsqu'il aura dès la base reconstitué sous la pression de la nécessité et recréé son être moral ainsi que les conditions matérielles extérieures de son existence comme pour tout devoir à lui-même. Il aura été, pour s'émanciper de l'animalité, l'être bizarre, ennemi des voies frayées, pour qui tout est difficile parce qu'il a tout remis en question, et à qui il faut du génie pour résoudre le problème de l'existence là où l'instinct aurait suffi.

La caractéristique de l'être humain, c'est le « moi », c'est-à-dire, d'une part la conscience, d'autre part la tendance à se faire comme individu et par cela même comme espèce le centre de toutes choses, soit pour les ramener à son usage, soit pour en remplir sa pensée. Or, la conscience, abstraction faite des perfectionnements par lesquels cette faculté devient l'instrument de la psychologie, est essentiellement le fait de se voir agir, de se regarder vivre, particularité à première vue singulière comme un tic, bien qu'elle soit le principe des progrès de la race humaine. Si l'histoire psychologique de l'individu est le recommencement sommaire de l'histoire de son espèce, — le passage de l'enfance insouciante et instinctive à l'adolescence que rend quelque peu gauche et farouche la première apparition de la personnalité (se manifestant par une sensibilité précoce à l'opinion d'autrui), — nous représenterait assez bien ce moment où la conscience fut pour commencer une gêne, une entrave à la spontanéité, ou tout au moins une complication nouvelle de l'existence.

Dans la conscience de soi, — laquelle ne s'obtient que par un dédoublement fictif, idéal, — est enveloppée l'idée du semblable, base de cette existence d'opinion dont nous vivons immatériellement dans l'imagination des hommes. Par cela même qu'il a conscience de soi, qu'il se voit comme un autre, l'homme se préoccupe de l'opinion d'autrui. Ce dédoublement fictif, par cela seul qu'il tend à s'objectiver et à se concrétiser, provoque : un premier mouvement de l'esprit par lequel nous transportons en autrui le point de vue d'où nous nous considérons et nous jugeons; et un second mouvement par lequel, sympathisant avec autrui, procurant en nous à notre semblable cette existence d'opinion que nous cherchions en lui, et nous plaçant encore une fois à son point de vue, nous participons aux sentiments que fait naître en lui l'idée de cette représentation que nous nous formons de sa personne et de ses actes. Concevant la réciprocité, ce moi, dont l'essence est de tout ramener à soi, peut être conduit jusqu'au plus complet détachement de soi, l'amour de soi se subtilisant jusqu'à devenir méconnaissable et à se transformer en son contraire. Qu'il s'agisse de puissance, de force, de beauté, ou nous en aimons ce que les autres admirent en nous, nous nous mirons dans l'opinion d'autrui; ou celui qui admire est exalté par cette pensée qu'il pourrait être cela qu'il admire, et s'oublie lui-même, intervertit les rôles. C'est encore ramener tout à soi que d'essayer d'être en imagination comme par un besoin de se compléter, un autre que soi. Cette faculté de l'imagination par laquelle le moi s'attache à son être d'apparence, à son existence en idée, fait aussi de lui un Protée qui se mue en toutes choses; ce Protée, c'est précisément l'esprit, fait pour tout comprendre. Et ce fait d'ordre métaphysique : universalité de l'esprit, se trouve, comme il est naturel, souligné par un fait biologique concordant, la prise de possession par l'espèce humaine des divers éléments, la terre, l'eau et l'air, et cette faculté qu'elle possède, supérieurement à toute autre espèce, de vivre dans les milieux et sous les climats les plus différents.

Notre représentation de l'univers embrasse nos multiples rapports avec les êtres, les objets, les éléments, avec toutes ces choses par lesquelles notre être individuel aspire à se compléter idéalement ou matériellement. Puisque donc les sentiments de notre semblable, la vie intérieure de notre semblable, ses facultés intellectuelles sont des faits dont nous tenons compte, et qui entrent comme éléments dans notre représentation de l'univers, — cette représentation reçoit une extension indéterminée dans le présent et dans le passé, par le témoignage et la tradition, des expériences dont se composent (à notre connaissance) les représentations individuelles de l'univers propres à chacun de nos semblables. Ainsi, l'homme ne s'arrache par l'individualisme à l'uniformité de la vie de l'espèce que pour reconstituer l'identité morale de l'espèce par la solidarité intellectuelle dans une commune représentation des choses; et c'est une nouvelle conséquence du développement de la conscience.

IV. — La personne, le héros, premier objet du sentiment du beau. — Le beau, comme le réel, se pose avec l'homme.

Chez l'animal, l'attitude prédominante, exclusive, est celle de l'instinct, du besoin, et des passions momentanées qu'ils engendrent. Chez l'homme, où tout se double d'opinion, quelle sera-t-elle ? L'attitude morale et extérieure découlera de la fonction sociale, d'un idéal plus ou moins clairement conçu. Ce qui fait la personne (*persona*), n'est-ce pas un rôle, un but à atteindre, une fonction, quelque chose qui l'élève au-dessus du rang de simple individu ne vivant que pour lui-même. La personne s'affirme d'autant mieux comme telle qu'elle crée la fonction, qu'elle s'attribue spontanément cette fonction, ce rôle qui devient sa raison d'être originale. Que l'on se représente, à l'origine des temps, ces hommes que leur force, leur valeur ou leur prestige firent reconnaître pour chefs par leurs compagnons, forgeant sans le savoir l'ordre social futur, l'autorité, le respect de la loi par l'abus de l'autorité, par la terreur et la violence. C'est pendant qu'ils étaient l'apanage exclusif de ses maîtres que l'humanité peureuse et misérable apprit à apprécier et à envier, pour y participer plus tard, tous les biens de la vie civilisée, le caractère sacré de la vie humaine, des liens de famille et de la propriété. Il en fut de même de la personnalité, attribut de ceux qui ne restent point confondus dans la foule et servent de centre, de point de ralliement. C'est dans le caractère correspondant à la fonction sociale de celui qui exerce l'autorité, et bien plus la fonde, qu'elle apparaît et se pose comme la caractéristique de l'homme digne de ce nom, comme l'idéal du type humain. Le commencement du sentiment du beau fut sans doute de reconnaître des chefs qui, par idéalisation, deviennent des héros. Morts, ils sont divinisés, vivants, ils sont semblables aux dieux. Dans le prestige de la force par lequel l'humanité est si facilement dominée, elle discerne la beauté d'une fonction qui constitue à la force son droit.

Ainsi, le beau apparaît avec l'homme. Point de beauté purement animale ou végétale. Le beau typique est le surhumain, l'héroïque. L'art fondamental et suprême, se confondant avec la parfaite beauté, résiderait dans cet épanouissement complet de l'homme, réalisation du demi-dieu, dans une adéquation de la nature humaine au réel, par conséquent au divin. Là est l'idéal jamais atteint, dans la contemplation duquel l'homme prend conscience de ses supériorités et de ses victoires passées sur la nature, et s'exalte sur les possibilités de l'avenir. Comme le divin, comme le réel, et ce sont peut-être trois termes synonymes, le beau ne se pose qu'avec l'homme et pour l'homme. Le beau est de nature morale dans son fond. Il est naturel que l'art nous apparaisse dès ses débuts intimement lié à la vie humaine et même à l'individu humain. La danse, le chant, la mimique, la parure en sont les premières formes. Nous ne les concevons d'ordinaire que fondés sur des conventions fixes et apprises, figés en un moule durable ainsi que des rites. Mais la spontanéité inventive, la nature en un mot, précède l'art considéré dans ce qu'il a de voulu et de traditionnel, et l'art a d'ailleurs pour suprème triomphe le retour à la nature, la spontanéité retrouvée. Ne peut-on concevoir, en s'inspirant des écrits esthétiques de Wagner [1], un moment où le héros, le chef, en se mouvant suivant le rythme de sa fonction, dominant et fascinant tour à tour ses compagnons par une apparence plus qu'humaine, une parure éclatante, une parole persuasive, impérieuse, insinuante, dont la passion, en lui donnant son accent et sa couleur, fait une sorte de chant, s'élève à « l'universalité de la fonction ». A ce moment il est beau, pour soi-même et pour les autres, il incarne une puissance élémentaire de la vie humaine.

Aucune chose n'a de beauté si ce n'est dans la représentation que peut s'en former l'être capable de jouir intérieurement de sa propre beauté, de la créer même, en tant que l'enthousiasme moral, l'attitude intérieure imprimée à l'âme par la méditation d'un idéal élevé, s'épanouissent nécessairement en beauté. Ce n'est que dans la pensée de l'homme qu'une chose se relie à l'ensemble du réel : or, rien de foncièrement particulier, de local, ne possède en soi cette intelligibilité, cette vérité intrinsèque, cet intérêt universel, cette suffisance (αὐτάρκεια), sans laquelle il n'est pas de beauté. Le beau n'est le beau que parce que vient s'y refléter l'unité du Réel allant jusqu'à l'identification du sujet et de l'objet, de l'individuel et de l'universel. — Chez l'homme seulement se fait jour l'inanité de l'existence particulière en un sentiment qui l'incite ardemment à se rattacher à l'existence universelle, à être pleinement, à se com-

---

[1] G. Noufflard, *Richard Wagner d'après lui-même*, t. II, 1re partie.

pléter en organisant sans se lasser de multiples rapports entre soi et les choses. Dans le sentiment du beau s'anéantit en une finalité réciproque l'opposition, la dualité même du sujet et de l'objet; dans la civilisation, nature intermédiaire, s'efface l'hostilité primitive de l'homme et de la nature; et enfin avec l'art, la civilisation, ouvrage de l'homme, s'applique à simuler un jeu de la nature et superpose à l'appareil de la vie sociale une représentation d'autant plus complète du réel qu'elle unit la nature et l'idéal, les choses et l'homme, ce qui est et ce qui se veut.

V. — Parenthèse sur les antécédents du beau et de l'art dans la nature. — Infiltration d'un idéal de beauté distinct de l'idéal héroïque. — Conciliation.

Ni le beau, ni l'art ne se produisent cependant dans la vie humaine sans préparations. Cette représentation des choses en étendue et en durée, objective et une par la solidarité intellectuelle des pensées individuelles, trame de la vie mentale, tout un travail antérieur à la vie consciente a contribué à en établir les bases. Il y a tout un acquis, des habitudes préconscientes dont on reconnaît l'existence après coup; telles sont ces expériences antérieures à la vie individuelle par lesquelles s'est trouvé créé (et non seulement exploré) l'espace, récipient de nos perceptions, lequel n'est que le souvenir et l'idée d'une multitude de mouvements possibles en divers sens; de même les propriétés caractéristiques des divers organes sensoriels, telles qu'elles existaient dans la série animale, l'opposition et corrélation des sensations visuelles et tactiles, d'où un être doué de conscience et par suite capable de s'imiter soi-même dégagera sans peine l'idée d'apparence, de représentation, distincte de la chose représentée, — principe à la fois des arts d'imitation et du langage. C'est ainsi que dans l'art le génie est aussi le dernier venu; les procédés dont il se sert avec une parfaite maîtrise, des générations et des corporations d'artisans plus obscurs lui en ont rendu la pratique aisée, et l'hérédité le mit en possession de corrélations exactes et sûres entre l'œil qui perçoit et la main qui exécute. De même l'art est déjà en préparation dans le monde naturel avec lequel d'ailleurs il est en continuité. Ainsi, avec l'homme comme avec le génie, tout prend un sens nouveau, sans qu'il y ait à proprement parler de commencement absolu. Il faut bien qu'il en soit ainsi. Il n'y a point de développement artistique sans passé historique, et point de vie consciente sans une vie subconsciente qui, de très loin, vienne y affleurer. Comment les pensers de l'homme auraient-ils un caractère d'universalité si sa vie intérieure n'avait des dessous par lesquels elle se rejoint à la vie universelle, s'il ne réunissait dans son organisation tous les éléments de la réalité, la matière en ses divers états, la vie, l'animalité, l'intelligence créatrice; c'est de cette façon qu'aucune chose ou aucun être dans l'univers ne lui est étranger; et quand il élargit son être par la connaissance, il l'approfondit simplement.

C'est ainsi que l'amour sexuel et l'émotion particulière du sens de la forme qui s'y joint ont, par une sorte d'atavisme, réagi après coup sur le sentiment esthétique dans lequel ils sont entrés comme éléments et se sont trouvés transformés. Dans la dualité des sexes, cette différenciation entre les deux termes réciproques que sont : le moi et autrui, fondement de l'être et du paraître, base logique indispensable au développement du sentiment du beau et même de la conscience de l'être, — prend après coup une réalité physiologique et devient fondée en nature. Chez l'animal, au sexe masculin semblent dévolus dans la plupart des cas les attributs de beauté, l'éclat du plumage chez l'oiseau, les savantes modulations du chant, que nous interprétons comme une parade de séduction ayant tout son développement et toute sa puissance dans la saison des amours. L'homme primitif, ou tout au moins le sauvage attache une grande importance à la parure comme insigne social bien plus que comme moyen de séduction vis-à-vis de l'autre sexe, réduit à la condition la plus infime. Même le Grec, suivant Renan[1], ayant de grandes choses à accomplir, ne pensait pas à la femme, mais aux hommes réunis sur l'agora, à la cité ; et cependant déjà, avec la vie de famille, les mollesses de la civilisation, — la suavité de l'amour et de la beauté féminine divinisés par l'art s'étaient infiltrées dans l'idéal esthétique primitivement héroïque. Il faut donc admettre que le beau a dû se constituer primitivement comme idéal social et moral en dehors des séductions de la nature et de l'instinct ; et ainsi constitué, il a continué encore à régir l'activité sérieuse, même après que les joies de la vie, le sourire d'une nature bienfaisante ayant pour complices les

---

[1] E. Renan, *Saint Paul*, VII, p. 206.

arts et la poésie, furent venus atténuer l'austérité héroïque de ce premier idéal, en introduisant l'idée d'une beauté d'un autre ordre, plus faite, semblait-il alors, pour réjouir le cœur des hommes que pour les entraîner à de grandes actions. Quoi qu'il en soit, en même temps que l'existence de l'homme devient plus complexe dans ses conditions et ses données, et arrive à reposer sur des conventions sociales d'un caractère plus abstrait, — en même temps aussi que sa suprématie sur les choses devient plus stable et plus étendue, il laisse au sauvage, qui porte sur soi tout ce qu'il a de précieux et de voyant, il rejette comme un puéril ornement, tout cet appareil extérieur par lequel il cherchait à frapper l'imagination de ses congénères, et continuait à affirmer au repos sa personnalité d'homme d'action ; il reporte ces marques de sa puissance, de sa noblesse, de sa richesse, sur les choses qui sont en sa possession, sur sa demeure à laquelle une vie plus sédentaire l'attache davantage, sur son entourage. Divinisant l'attrait qui le porte vers la femme, à la fois semblable et autre (en même temps que la vie sociale définitivement constituée a conduit le fort à sympathiser avec le faible), c'est principalement à sa compagne qu'il attribue, pour l'en parer et l'en entourer, tout l'appareil de la richesse et toutes les recherches et les délicatesses du luxe; il en fait le monument de son orgueil ; c'est en elle qu'il conçoit et comprend la beauté, une beauté dont tout élément moral n'est pas absent ; elle lui est en effet, dans cet état stationnaire que réalise l'ordre social, comme un emblème de la stabilité de la vie, des joies douces du foyer, et de sa propre humanité envers le faible. De l'animal à l'homme, du barbare au civilisé, l'interversion a donc été, semble-t-il, complète. Cette beauté dont l'un se pavoise égoïstement et s'enveloppe, l'autre, dans ce champ de plus en plus étendu que la nature laisse à la vie civilisée, la projette en des objets et des êtres qui constituent pour lui des dépendances, en des créations, en des œuvres ayant une existence séparée dans lesquelles son inspiration morale, son génie, ou toute autre supériorité s'affirme, — se réservant une supériorité idéale et effective.

Avec l'idéalisation de l'amour et le règne de la beauté féminine apparaît la dualité de l'homme et de ses créations, de la vie et de l'art. Le beau, qui était d'abord épanouissement de la personnalité, réside ensuite (séparé de sa source, par conséquent) en quelque chose de distinct de l'être même qui le contemple et qui le crée, devenant par là même en quelque sorte une idole. C'est là sans doute un moment nécessaire et même, si l'on considère les rapports existant entre le développement de l'idéal artistique et l'évolution de l'idéal de la beauté féminine, fondé biologiquement. Mais le beau, comme le réel, ne pouvant se concevoir que dans l'unité parfaite, il faut que ce moment nécessaire, mais sans doute abstrait, se supprime de lui-même dès que l'on envisage la question d'un point de vue supérieur. En un sens, en effet, cette dualité dont nous avons parlé est toute idéale, n'étant que l'élargissement et l'objectivation de ce dédoublement fictif par lequel l'être humain prend conscience de soi, — élargissement qui correspond à l'extension accrue de notre représentation de l'univers et de notre empire sur les choses, et en même temps au développement de la spiritualité chez l'individu humain, devenant plus préoccupé du perfectionnement de sa représentation de l'univers et de l'organisation du milieu ambiant que de l'embellissement et de l'ornementation de son extérieur. Enfin, d'autre part, cette dualité n'existe que pour celui qui considère un instant à part dans la durée et qui, méconnaissant les actions et réactions incessantes des choses entre elles, est amené à placer le beau dans quelque chose d'existant, mis à part du reste, et non dans le devenir, dans l'action toujours féconde et diverse. Il n'y a beauté au sens complet, qu'autant que par un va-et-vient incessant, les arts se subordonnent à l'art suprême de la vie, ou en naissent, et les formes belles à la manifestation de l'être moral. Point de beauté dans les créations de l'art, et dans les perfections particulières des êtres, sensibles à notre imagination, à moins qu'elles ne soient enveloppées dans la beauté compréhensive et complète de l'être moral, ce héros de l'univers, dont la force accumulée soutient cet ordre social dans lequel nous croirions toujours pouvoir goûter les joies de la vie et du spectacle de la beauté, sans rien faire pour conserver et améliorer ce qui est.

VI. — Continuité chez l'homme de ces divers attributs : conscience, caractère d'être social, connaissance, action, création.

Avoir conscience de soi, se dédoubler, créer en dehors de soi, élargir son être par de nombreuses dépendances et moyens d'action extérieurs à soi et à la place occupée par soi dans l'univers, en tant qu'individu, — par la compréhension de chaque détail de l'univers, — se muer par l'imagination en chaque forme d'existence, — connaître, ce qui veut dire reconstituer idéalement les choses, — tout cela se tient. Dans tous ces attributs et dans toutes ces opérations, l'homme reste l'être éminemment social; la conscience par laquelle il se voit existant est comme la représentation du semblable ou l'anticipation de l'idée du semblable. C'est en tant qu'être social qu'il se donne dès le début pour idéal la personnalité agissante, non sans un extérieur propre à frapper les imaginations, ayant pour matière les volontés neutres, les passions à l'état de nature qu'il s'agit de plier, dominer, et, pour le moment, d'organiser en dépendances d'une volonté prépondérante. C'est en tant qu'être social qu'il crée cet appareil extérieur de civilisation qui repose sur l'intelligence, — qui n'est d'abord qu'une extension de la personnalité du chef (qui possède tout, hommes et choses, plus particulièrement les biens d'usage collectif), pour devenir par la suite l'organisme matériel de l'être humain en général, du génie humain. C'est en tant qu'être social qu'il voit ou introduit par anticipation dans les phénomènes de l'univers cette continuité et cette solidarité dans le présent et dans le passé qui existe entre nos représentations individuelles. C'est en cette même qualité d'être social qu'il apprivoise et domestique l'animal, rend obéissants et pour ainsi dire animés par une intuition des lois de leur équilibre, les monolithes énormes qu'il érige ou assemble au temps de l'âge de pierre, — et dans les divers métiers, aux âges suivants, discerne en quelque sorte l'âme de la pierre, du bois, du métal, avec ses innombrables variétés individuelles, et le sens dans lequel une quelconque de ces matières cédera ou résistera à l'outil. Enfin, il ne conçoit pas le divin qu'il personnifiera d'abord, sans entrer en quelque sorte en société avec lui.

En même temps, il est l'être avec lequel ce mot agir prend un sens, avec lequel ce rythme lent des créations et des destructions naturelles, se précipite et se dérègle. Comme dans l'humanité, le progrès scientifique et industriel s'accélère des résultats déjà acquis et accélère les transformations sociales, ainsi dans la vie de l'univers, avec l'homme apparaît comme un défilé et un tournant où le cours des choses se resserre et se précipite. Là où ne se manifestait que l'action lente et dispersée d'une force des choses très semblable au hasard et même à l'immobilité, se fait jour un mode d'activité plus rapide et plus centralisé : la volonté, — par une concentration d'éléments épars analogue à celle qui fait de l'œuvre d'art un raccourci de la réalité. Dans l'immuable et le périodique, forme de l'immuable, qui restent néanmoins les bases de l'existence, — à travers des transitions que l'esprit humain ne pourrait comprendre qu'en renonçant à toutes ses habitudes de pensée, — deviennent sensibles le changement, le progrès, le temps, personnifiés dans un être anxieux de l'avenir, qui se demande pourquoi il existe, et d'une façon plus concrète, ce qu'il fera. — Pour l'homme, être c'est agir, — et connaître, plus simplement même, percevoir, c'est agir. Le toucher n'est le sens qui nous assure plus que tout autre, suivant Lucrèce [1], de l'existence des choses extérieures,

« ....*via qua munita fidei*
Proxuma fert humanum in pectus templaque mentis »

que parce qu'il est toucher actif. L'office de la main est plus encore de façonner, modeler, créer, que de percevoir ; c'est au point que percevoir devient pour ce sens : reconstruire idéalement. — Ce n'est pas seulement dans son principe, mais encore dans ses conséquences que la connaissance est telle que l'on en puisse dire : connaître, c'est agir. L'action est essentiellement accroissement et progrès ou n'a pas de raison d'être. Or, le seul développement dont on puisse dire qu'il est incontestablement un progrès est le développement de la connaissance scientifique. Quant au développement politique, progrès vers la centralisation et l'organisation, quant au développement social, progrès vers l'égalité économique, intellectuelle et morale, ils sont tour à tour forme, condition, ou conséquence du progrès intellectuel, le second notamment, en tant qu'il donne une assiette plus large au progrès scientifique dans une humanité où les prérogatives de l'être pensant deviennent accessibles à un nombre toujours plus considérable d'individus, le premier en tant qu'il réalise ou se propose un idéal non différent de celui de la science : organisation d'un ensemble de plus en plus étendu d'éléments centralisés. Mais renversons les termes : on peut dire aussi bien que la science, fondée sur la solidarité

---

[1] Lucrèce, V, v. 102 et 103.

intellectuelle des esprits, est un fait sociologique en tant que par elle l'homme entre en rapport non seulement avec ses semblables, mais avec les êtres inférieurs qui composent l'univers et les pose dans leurs rapports avec soi et entre eux. Ainsi, connaître c'est agir, et même toute action effective semble se ramener elle-même, ainsi que nous venons de le voir, à ces traits essentiels qui constituent la science (ce qui vérifie la définition de Leibniz (*Monadologie* 40), de l'action opposée à la passion).

VII. — L'art, conséquence de ces deux faits connexes : développement de la personnalité et état social. — Action inverse de l'art sur l'organisation de la personnalité identique à elle-même et de la vie sociale durable. — Raison d'être dernière de ces divers faits.

L'homme ne peut exister pleinement et réaliser ces divers caractères de sa nature que nous avons montrés naissant les uns des autres, sans que l'art apparaisse dans la vie humaine. Si d'ailleurs on considère que, individu ou espèce, l'homme se façonne lui-même d'après un certain idéal, — se différencie pour nous des autres êtres de la nature par ce fait qu'il est une volonté, et une volonté dont la première apparition est précisément dans ce parti-pris de se vouloir autre, de se faire sa destinée, et dont l'effet collectif est l'interposition entre l'homme et le milieu naturel d'un milieu artificiel approprié, — on peut dire que, au sens le plus général du mot, l'art, c'est l'homme[1]. Cette seconde nature organisée par

[1] οἶσθ'ὅτι ποίησίς ἐστί τι πολύ· ἡ γάρ τοι ἐκ τοῦ μὴ ὄντος εἰς

l'homme, fondée sur l'intelligence et, à ce titre, caractérisée par des finalités d'un caractère très simple ou très particulier, ne peut manquer de trancher sur le milieu naturel; mais cette opposition qui ne saurait être irrémédiable, par cela seul que l'être humain joint à la poursuite des fins pratiques matérielles la faculté de contemplation, — s'atténue et se change en continuité si l'on envisage les créations de l'Art proprement dit qui, elles, n'existent point en vue d'une fin particulière. Celles-ci reflètent vraiment l'homme tout entier, y compris sa représentation du réel, et par là même aussi le réel. Tout art, même pratique, à la fois repose sur l'imitation d'un phénomène naturel, et a son point de départ dans un besoin ou un instinct de notre nature, mais n'exprime pas pour cela la nature de l'être humain et du réel dans ce qu'ils ont d'universel.

L'art proprement dit est social par son origine historique; il prend naissance avec ces manifestations voulues, avec ces modifications de l'apparence extérieure par lesquelles une personnalité cherche tout à la fois à s'imposer et à s'affirmer elle-même, s'inspirant en cela d'un autre idéal que le simple épanouissement de l'être physique. Il n'y a rien de changé sous ce rapport, quant à l'essentiel, à la nature de l'art : à la seule con-

τὸ ὂν ἐόντι ὁτῳοῦν αἰτία πᾶσά ἐστι ποίησις, ὥστε καὶ αἱ ὑπὸ πάσαις ταῖς τέχναις ἐργασίαι ποιήσεις εἰσὶ καὶ οἱ τούτων δημιουργοὶ πάντες ποιηταί. Ἀληθῆ λέγεις. Ἀλλ' ὅμως, ἦ δ' ἥ, οἶσθ' ὅτι οὐ καλοῦνται ποιηταί, ἀλλ' ἄλλα ἔχουσιν ὀνόματα, ἀπὸ δὲ πάσης τῆς ποιήσεως ἓν μόριον ἀφορισθὲν τὸ περὶ τὴν μουσικὴν καὶ τὰ μέτρα τῷ τοῦ ὅλου ὀνόματι προσαγορεύεται. (Plat., *Conviv.*, 205, b, c.)

dition que les termes dans lesquels nous retraçons ces premiers débuts de l'art, avant d'être appliqués à ses étapes ultérieures, soient pris dans un sens général, intellectuel, abstrait, intérieur. L'art, en effet, n'est-il pas ultérieurement aussi la parure de l'être humain pris collectivement, et vivant dans le milieu social, de la civilisation et de la vie humaine en un mot? La culture artistique ne réalise-t-elle pas pour l'individu pris à part l'ornement et le perfectionnement intérieurs par l'enrichissement de sa représentation du réel? — Le génie n'est-il pas l'affirmation d'une personnalité supérieure? Social par son origine, l'art est l'accompagnement tout naturel de la vie sociale, dans laquelle certaines fins poursuivies en commun, fins d'ordre général, abstrait ou moral (représentation de la condition humaine), fins d'ordre matériel même, mais se subordonnant visiblement à une fin morale et d'ordre général, lui deviennent un thème tout indiqué.

La société, base sur laquelle se développe l'art, implique participation à un genre de vie commun et stable, sinon sédentaire. La durée en est l'élément essentiel. Il n'en saurait être autrement. L'être humain ne possède pas seulement comme les autres êtres l'attachement à l'existence. Ce que l'on nomme identité de l'être personnel est le fruit d'un effort constamment renouvelé, pour ressaisir dans le passé qui nous échappe chaque partie de notre vie écoulée. Tout ce qu'il essaye de créer, l'état social par exemple, il le crée afin de soustraire au temps qui modifie ou détruit tout, un certain ensemble naturellement instable de conditions d'existence. Cette identité, qui est un des aspects de la personnalité, demande, pour se constituer, une certaine fixité dans les circonstances extérieures, dans le genre de vie, et aussi une conception méthodique du réel dans laquelle la diversité fuyante des faits vienne s'encadrer systématiquement. L'homme organise simultanément sa personnalité sur les bases de l'identité psychologique, — et sa représentation du réel, en prenant pour point d'appui cet appareil extérieur de la civilisation qui a son point culminant dans l'art. Il ne le peut sans s'être créé dans le monde objectif des points de repère durables. Exister, c'est durer, c'est résister au temps. Rien n'existe au sens effectif du mot pour l'homme avant le développement de l'art. Tout se résout en impressions et en impulsions non moins passagères de l'être sentant. Rien n'est grave en un mot. Des faits tels que la mort, les liens de famille, ne sont devenus chose importante et grave que par le développement de la pensée abstraite, d'une pensée maîtresse d'elle-même et capable de s'abstraire des impressions sans cesse renouvelées des événements extérieurs, ou de choisir entre elles. Un certain appareil de civilisation rend possible un genre de vie stable; de même, l'art rend possible une vie morale, des sentiments durables d'un caractère général et abstrait, l'homme devenant esclave de ses propres créations. Un sentiment plus fort, conscient de son peu de durée, érigea des tombeaux, ces premiers monuments de l'art dans toutes les civilisations, pour qu'ils fussent les aliments du souvenir. En même temps, l'art, en lequel l'expression de la nature et de la condition humaines et l'imitation du monde extérieur sont constamment mitoyennes, arrête les lignes d'une représentation du réel.

Mais l'essentiel réside en ce qu'il règle, d'une façon pour ainsi dire rituelle, l'attitude et les sentiments de l'homme en face des principaux faits du monde physique et moral, la mort, la vie sociale, la destinée, la divinité (quel que soit le mode de pensée prédominant : théologique, philosophique ou scientifique).

Le développement de la personnalité que l'art favorise fait apparaître chez l'homme l'être social, cherchant à exercer une action durable et étendue; mais cette action ne tend-elle pas à organiser le groupe social d'abord, puis l'ensemble des groupes sociaux en un être collectif, nation, peuple, humanité, ayant lui-même une sorte de personnalité? Il est tout naturel dès lors que la continuité d'existence et d'aspirations d'une nation, ou même de l'humanité prise dans son ensemble vis-à-vis de l'univers, ait non moins que l'identité de l'être social individuel, son principe et son point d'appui dans l'art. Bien plus, il semble qu'avec l'homme et par l'organe de l'homme, la réalité tente une sorte de réflexion sur elle-même, essaye de prendre conscience d'elle-même. Comment l'homme, en effet, affirme-t-il sa personnalité? En s'attachant à ce qui dure, en exerçant soit dans la famille, soit dans la nation, soit dans l'humanité et l'univers, une action peut-être anonyme, dont la portée ne soit pas limitée aux bornes de son existence terrestre, en faisant œuvre qui dure, c'est-à-dire lui survive, et en cela que fait-il autre chose que se rapprocher et s'identifier le plus possible à ce qui est véritablement, pleinement, — à la réalité universelle.

VIII. — Amour inné chez l'homme de ce qui dure. — Le souvenir et l'art.

Ne serait-ce pas dans cet amour de ce qui dure qu'il faudrait chercher l'explication de cet attrait que prennent pour nous les faits et les monuments du passé, et des plaisirs du souvenir? Il y a certainement pour nous une source de joie dans tout ce qui nous précise et nous rend présent ce passé individuel et ethnique dont chaque moment de notre existence nous éloigne et éloigne l'humanité de plus en plus. Mais cet intérêt dont se parent pour nous les choses passées a d'autres causes encore. Un art spontané, tout intérieur, ayant pour instrument la mémoire ou bien la tradition, déploie ici ses séductions. Comme les sens, le souvenir a sa magie; le passé qui n'est plus, — monde d'apparences doué d'une vie factice par l'imagination, — a pour nous l'attrait d'une fiction dont les épisodes ne nous intéressent pas personnellement d'une façon directe, et nous sont comme un spectacle. Même, puisque la réflexion ne peut avoir pour objet que des états passés (qu'il s'agisse d'individus ou d'êtres collectifs ayant une existence plus longue que l'existence individuelle), ce recul est favorable pour réaliser une claire conscience de soi, et ce détachement, cette liberté avec laquelle nous considérons les faits du passé, et qui nous sont eux-mêmes une joie, sont compatibles avec un vif intérêt d'ordre intellectuel. D'autre part, ce n'est pas tout le passé qui revit pour nous et réapparaît avec tous ses détails, à la fois dans le milieu extérieur et dans notre mémoire, mais forcément une sélection où l'élimination arbitraire, mais nécessaire, d'une profusion presque infinie de détails, a été pratiquée par une force impersonnelle devant laquelle nous nous inclinons : le Temps, — une traduction, une représentation en raccourci, — ayant déjà, par là même, les caractères d'une œuvre d'art. Il ne lui manque même pas (et ceci correspond à l'incubation de l'œuvre d'art), à cette représentation du passé et aux éléments qui la constituent, d'avoir baigné dans notre âme, principe de tout art et de toute poésie, dont la fonction est d'élaborer et de vivifier sans trêve des matériaux inertes et disparates pour en former des ensembles, puisque le passé ne revit que par le souvenir et l'imagination.

Ainsi, un art, une poésie toute spontanée, sont inhérents à l'acte du souvenir, et le souvenir lui-même est art, une fiction, une évocation; quoi de moins naturel (aussi peu naturel assurément qu'une représentation figurée), que cette survivance du passé dans le présent, non plus seulement comme cause, comme état des choses dont les effets et conséquences persistent, mais comme spectacle, comme représentation. Mais l'art, non pas tel art en particulier, mais l'art en lui-même, dans lequel s'expriment précisément les aspirations d'un être qui possède l'identité, et veut l'immortalité, sinon pour lui, au moins pour ses créations, a pour idéal de faire œuvre qui dure matériellement, et en qui la durée matérielle soit comme la manifestation de quelque principe éternellement vrai, se rejoigne avec l'éternité du vrai. Il est donc naturel que ce qui a fait preuve de durée, et dont l'action, reculée dans le passé quant à son point de départ, étend ses effets jusqu'à nous, enchante notre pensée par les horizons qu'il déploie devant elle.

III

L'ART

I. — L'unité, objet commun de la pensée en ses facultés les plus hautes et aussi en ses facultés d'ordre inférieur, — et de l'art depuis les arts pratiques jusqu'à l'art proprement dit.

Avec l'homme, avons-nous dit, le réel se pose : avec l'homme vivant dans l'état social, ce tout plus prochain dont il fait partie, et qui est en une certaine mesure son ouvrage, une œuvre collective, lui est un moyen terme vers l'intuition d'une réalité universelle posée en commun aussi, fusion et addition de représentations individuelles et tirant de là son objectivité. En même temps, reflet de la stabilité des conditions sociales, l'identité personnelle nous aide à concevoir cette réalité comme étant une réalité qui dure. Ne voyons-nous pas, en effet, toute science du réel, toute philosophie originale, être dans le fond une philosophie de l'histoire?

Mais, poser le réel, c'est le ramener à l'unité ou peut-être en reconnaître l'unité foncière. Or, chercher l'unité est l'acte le plus essentiel de la pensée; l'unité n'est-elle pas aussi l'idéal de l'art, lequel n'est que la pensée considérée dans ses manifestations durables, objectives et empreintes d'un caractère universel, — ou bien dans ses organes sociaux? Et, d'autre part, ne serait-ce pas par le beau, objet de l'art, à l'occasion du beau enveloppé dans cet état d'âme qui est le sentiment esthétique, que se produit vraiment l'intuition du réel?

Poser le réel, ramener à l'unité la multiplicité du réel, on ne voit là souvent (et sans étonnement) qu'une opération logique ou psychologique dans laquelle se manifeste la fonction propre de l'esprit. Mais une opération abstraite, dont la réflexion nous fait reconnaître l'existence, si naturelle et si essentielle qu'elle paraisse, présuppose une période d'activité concrète, de vie spontanée à laquelle il nous faut nous reporter, si nous ne voulons pas que la portée et la signification même de cette opération abstraite, et par conséquent machinale quand elle est séparée de ce qui l'a fait naître, nous échappe. La philosophie présuppose l'art et doit se reporter continuellement à cette forme de pensée plus compréhensive comme à la vie même, si elle veut être autre chose qu'une technique verbale.

C'en est assez pour que l'on comprenne qu'il ne s'agit point ici d'unité purement logique, ni d'existence abstraite posée dans un rapport d'opposition avec l'existence du sujet, mais bien d'unité concrète dont celle-là n'est que le reflet, et d'une intuition du réel qui dépasse la portée d'une simple affirmation d'existence.

L'unité concrète du réel n'est pas l'unité du monde matériel, qui, pris en soi, est une abstraction, qui a pour corrélatif un monde spirituel, ce qui laisse subsister la dualité de l'être et du connaître.

Retrouver l'unité pressentie du réel est l'idéal qui régit toute l'activité humaine, aussi bien pratique que spéculative (souvent à son insu), depuis ses formes les plus humbles jusqu'à ses formes les plus hautes. Aperçu et atteint passagèrement, il fait la sublimité du sentiment artistique et du sentiment moral dans lesquels l'être humain a conscience de toucher à la raison d'être de son existence. Le fait de tout rapporter à soi, attitude qui, faute d'avoir son correctif dans une tendance contraire, réaliserait l'égoïsme, est une première réduction à l'unité, emblématique déjà de celle qui fait le fonds de la connaissance, — très éloignée de nous faire réaliser cette parfaite unité du réel en laquelle doivent s'effacer les contraires. Mais, considérons non plus le moi individuel, cette unité éphémère et infime, ni même le sujet, l'esprit, cette abstraction, mais ce courant complexe de l'activité humaine dont les effets matériels et moraux ne sont pas plus séparables les uns des autres que ne le sont l'idée et la forme sensible dans l'art; le but qui la caractérise, c'est une sorte de prise de possession tout à la fois matérielle et idéale de la durée et de l'espace, une extension de l'individualité hors de ses limites purement physiques poursuivie en commun, par laquelle le présent se trouve relié au plus lointain passé et aussi les différents lieux entre eux. N'est-ce point là l'essence même de tout cet ensemble de prévisions pratiques et d'inventions sur lesquelles s'édifient les arts de la vie humaine, les institutions familiales et sociales par lesquelles l'homme, d'autant plus attaché à ce qui est stable et solide, que son existence et ses sentiments sont plus éphémères et le cours des choses plus changeant, se ménage un avenir autant que possible exempt d'imprévu, aussi semblable que possible au passé, en même temps que, par les multiples dépendances qu'il se crée, il étend son existence matériellement, idéalement, sentimentalement hors de cette place que son corps occupe sur la terre. L'essence de tout art pratique de la civilisation est d'uniformiser, pour notre satisfaction et notre commodité, ce qui, dans la nature, est accidentel, de rassembler afin d'obtenir un effet plus intense, ce qui, dans l'ordre naturel, existe à l'état dispersé ; mais cela, c'est bien vaincre la durée et la condition d'isolement des êtres et des choses dans les divers points de l'espace, et conséquemment unir ; en sorte que déjà dans la poursuite de la simple utilité se révèle la destination de l'homme et de ses pouvoirs créateurs pour une fin et une œuvre plus haute. Et l'art proprement dit, qui de la symétrie fait pour notre imagination un jeu dans lequel nous plaît l'image de l'ordre qui est pour nous l'unité retrouvée, — qui fixe la concordance d'un aspect changeant des choses avec un état profond de notre âme, — qui fait affluer de multiples expériences dans le moule d'une création unique et typique dont la vérité, universelle comme une loi, éclaire et domine la vie humaine dans sa diversité, — qui anticipe l'avenir par des créations dont la beauté se renouvelle d'elle-même et dont la vérité triomphe du temps, — quoique mettant en œuvre des facultés plus hautes et d'une plus grande portée, ne diffère pas, quant à son principe et à sa démarche essentielle, des arts pratiques, dans la conception desquels la puissance métaphysique de l'être humain est déjà contenue tout entière. La reconnaissance de cette unité de principe confirme une fois de plus cette loi de la recherche de l'unité inscrite non seulement dans la constitution psychologique de l'homme, mais encore dans sa constitution physiologique et dans la structure de ses appareils sensoriels, comme dans les manifestations de son activité artistique et pratique.

II. — L'art réalisant l'union de ces deux termes : l'homme et la nature, et par suite, l'unité du réel, montre la voie à la pensée dialectique. — Son centre de gravité doit être cherché dans l'âme humaine et non dans la réalité extérieure.

Si l'on peut dire d'une part que l'art c'est l'homme, on peut affirmer en même temps que l'art par définition est aussi le réel en tant que réalité matérielle objective. En effet, dans l'art s'expriment la nature humaine et la condition humaine, et avec cette expression se combine et coïncide l'imitation et représentation de la nature sensible et de la vie.

L'homme se reflète avec les traits essentiels de sa nature dans les créations du génie, créations qui, indépendamment d'un sentiment plus particulier, lui inspirent au même titre que l'être moral le sentiment du respect. Comme l'être humain, elles expriment des sentiments et des idées, elles parlent un langage; ayant l'expression, elles semblent, toujours comme l'homme, douées de conscience. Ainsi, existant pour une certaine fin sociale, peut-être matérielle, mais d'ordre général et relevé, non seulement l'œuvre d'art digne de ce nom sera accommodée à sa destination, mais encore et même sans l'addition d'aucun élément surajouté, elle ma-

nifestera dans sa structure, et cela parfois avec un accent persuasif, cette destination, de telle sorte que, à quiconque entendra ce langage, s'imposera une analogie évidente, un parallélisme entre cette œuvre du génie, et l'homme, chez lequel l'expression par le langage d'un sentiment ou d'une tendance implique préalablement la conscience de cette tendance ou de ce sentiment.
— Et effectivement, dans l'œuvre d'art, le génie ne donne-t-il pas à un certain état social, à un certain groupement humain une conscience, ne leur donne-t-il pas un centre dans lequel tel ou tel de ces ensembles trouve son unité et en prend conscience. Il y a même là comme une sorte d'atavisme; car l'apparition du génie et de l'œuvre d'art parmi les hommes est comparable à celle de la conscience individuelle dans l'espèce humaine.

Par cela même que l'art nous est comme une représentation, un reflet de la nature humaine, il arrive que la nature extérieure vient se peindre dans les créations de l'art comme elle se reflète dans les yeux et l'imagination de l'homme. L'œuvre d'art, d'ailleurs, est dans la nature, tient à la nature par les matériaux même très peu matériels qui la constituent et continuent à en suivre les lois, par le milieu où elle est née, par son caractère local, et cela est encore vrai de l'homme lui-même, en sorte que, par là même que l'art est l'homme, il est encore la nature, le monde matériel objectif avec ce quelque chose en plus de supérieur à la nature, qui est de l'être pour qui la nature se rend connaissable, se fait le monde visible. Même n'appartenant pas à ce genre qui a spécialement pour objet l'imitation de la nature, une production de l'art reflète le milieu ambiant qui est son milieu natal, en prend en quelque sorte la teinte, aussi nécessairement et naturellement que cela même, qui dans sa structure la rend appropriée à sa destination, révèle et rend visible cette destination. Une création du génie, à quelque point de vue que l'on se place, n'a pas l'existence pure et simple, ne se contente pas de produire un certain résultat en vue duquel elle existe. Par un anthropomorphisme instinctif, elle ne réalise pas une certaine fin sans être représentative de cette fin; fruit d'un ensemble de circonstances naturelles ou sociales, elle est de même représentative de ce milieu matériel et moral dans lequel elle a pris naissance.

Dans l'art, peut-on dire, s'offre à nous le réel dans son unité représenté comme en une seconde nature où l'homme et le monde objectif se pénètrent intimement. Dans l'art, en effet, se produit l'unification de l'être avec la conscience, de l'action avec la contemplation, de ces trois termes en résumé : vivre, voir, se voir; il est la nature vue par l'homme en même temps qu'il reproduit dans sa constitution double la nature double de l'homme (âme et corps), avec ces deux traits essentiels qui en sont la conséquence : conscience et don de l'expression. Il est plus que la nature vue par l'homme, il est le réel pensé par lui, atteint dans un sentiment ou une intuition, pensé dans son unité au-dessus de cette dualité, reconnue provisoire et fictive, du percevant et du perçu.

Lorsqu'il approfondit la nature des choses, cherchant les bornes du monde et essayant de discerner les derniers éléments de la matière, le philosophe approfondit sa propre pensée; sa contemplation du monde objectif s'est transformée insensiblement et sans secousse en contemplation du monde des idées qui existe au dedans de lui. L'objectif est devenu le subjectif. Déjà, dans l'art, lequel se définit : *homo additus naturæ*, cette distinction était abolie d'instinct, comme elle l'est pour la pensée réfléchie cherchant à atteindre l'essence dernière des choses par-delà le sensible et le particulier.

L'art, avons-nous dit, c'est l'homme et c'est aussi la nature, ramenés à l'unité : et cette unité est le réel. N'aurions-nous pas dû dire simplement : l'art est à l'image de l'homme, l'art simule la nature et nous représente le réel. Mais nous serions loin d'avoir pénétré son essence si nous n'y voyions qu'une fiction, un semblant, une simulation. Il est plus réellement tout ce qu'il semble être que les objets particuliers ne sont tels que les sens nous les montrent. — N'attribue-t-on pas en effet aux créations de l'art une vérité supérieure à la vérité de fait, à la vérité littérale ? — Nous ne devons pas, en effet, considérer l'art séparément du sentiment caractéristique qui en est l'âme. C'est faute de les rattacher à ce sentiment même comme à leur centre et à leur principe, que l'on se trouve amené à attribuer aux créations particulières de l'art, une existence factice et conventionnelle. Ce sentiment, qui peut être excité aussi par la beauté des choses réelles, constitue la raison d'être de l'art en tant que l'art le rend régulièrement et constamment possible, de la même manière que la civilisation, œuvre de l'homme, force l'homme à rester civilisé. Ce sentiment particulier, c'est l'émotion esthétique, enveloppant l'intuition de l'unité du réel, sentiment très concret par son universalité même, détachant celui qui l'éprouve de son existence individuelle pour lui faire expérimenter en soi-même l'adéquation parfaite de la pensée au réel. L'âme réalise en elle tout ce qu'elle sent et le sent directement ; ainsi : Dieu, le beau, le réel ; elle les réalise sans pouvoir s'en discerner (car le sentiment confond et ne distingue pas), dans un abandon de son individualité sensible qui fait se dégager de la conscience personnelle quelque chose qui la dépasse infiniment. Ce qu'il y a de matériel dans l'art, les œuvres plastiques, constitue l'appareil extérieur merveilleux comparable aux organes sensoriels du corps individuel, grâce auquel dans l'union des âmes, s'enveloppant de l'émotion du beau, se précise cette intuition du réel qui est une identification, cette intuition d'un réel supranaturel qui, aux époques où l'art est intimement uni à la religion, s'appelle Dieu.

III. — Comment cette conception de l'art, énoncée plus haut, permet de résoudre l'opposition existant entre le beau naturel et le beau dans l'art.

Ce qui nous a paru résulter de la nature *a priori* de l'art considéré dans son idée, se confirme dès qu'on entre dans le détail des manifestations particulières du sentiment et de l'activité artistique.

Ayant donné pour centre de gravité à l'art la recherche et la réalisation de l'intuition du réel dans son unité, nous avons en même temps donné un contenu concret à l'idée, sans cela combien abstraite, du beau, et nous avons rendu plus réalisable une réduction à l'unité de ces deux formes du beau, le beau dans la nature et le beau dans l'art, que l'on est trop porté à se représenter comme s'opposant à l'égal du réel et de la fiction.

Que l'art, dont les créations le plus souvent semblent des monuments édifiés à la gloire du monde visible, puisse avoir son centre de gravité dans un sentiment tel que nous venons de le décrire, si éloigné de toute préoccupation relative aux choses contingentes et particulières, dans la recherche d'un état de pensée qui convainc ce monde visible de n'être qu'une abstraction, en un mot, dans la pensée pure se confondant avec son objet supra-sensible, — cela n'a rien d'absolument inconcevable, si l'on considère que, dans l'œuvre d'art, moyen terme entre la nature et le supra-naturel, doit être contenu tout à la fois le but et l'acheminement, l'ascension vers le but; elle nous conduit hors de ce monde d'apparences, mais ce monde d'apparences y est représenté, étant le point de départ, — et aussi la condition actuelle et locale de l'être humain, diversifiant dans l'espace et le temps les résultats de cet essai d'intégration de la nature et de l'homme, du passé avec le présent qui est au fond de toute philosophie et de toute civilisation.

Quant à l'opposition à laquelle nous faisions allusion et qui romprait l'unité foncière du beau, elle ne peut exister et doit pouvoir se résoudre. L'art étant l'homme même, par qui le réel se pose, est aussi le réel, sans qu'il faille chercher ici un dédoublement s'établissant entre la représentation fictive et l'original représenté. Loin d'être la catégorie sous laquelle il rentre, l'idée de fiction et de représentation dérive plutôt accessoirement de la notion de l'art, par cette raison que les créations de l'art peuvent paraître quelquefois jouer uniquement le rôle de double vis-à-vis des objets particuliers réels, bien que ce ne puisse être là, en aucune façon, l'idéal poursuivi. Et, d'autre part, le beau n'existe dans le monde réel, dans la nature même, qu'à condition d'être recréé idéalement par l'homme, et cela dans la mesure de son acquis au point de vue intellectuel et moral, par une création de second degré, en quelque sorte, et de même façon qu'il recrée l'univers en retrouvant le plan de la création. En somme, l'idée de l'antériorité de la nature par rapport à l'homme, ou (par un dédoublement chimérique), du réel par rapport à sa représentation, tente ici de nous induire à admettre indépendance réciproque et dualité, là où il n'y a précisément qu'effet rétroactif du sentiment artistique. Il y a telle sorte d'art, la littérature, dans lequel la forme expressive est fournie par un élément aussi peu extérieur que possible à la pensée et au sentiment, et dans lequel semblent seuls en présence l'esprit et les choses presque sans intermédiaire. Et, d'autre part, la perception des beautés du monde réel n'est dite, parfois, nous laisser sans parole, que parce qu'elle ne va pas sans un discours intérieur par lequel nous nous essayons à la définir, et cette perception présuppose une initiation par l'art, la littérature, la vie antérieure, les choses mêmes, qui est elle-même de l'art virtuel, non formulé. Enfin, à certaines époques, l'art, par une sorte d'effacement voulu, semble se donner pour principale raison d'être, d'initier l'homme à la beauté des multiples aspects de la réalité et de la vie ; c'est, notamment, la caractéristique des époques adonnées à la science, à l'histoire, et dans lesquelles l'art littéraire apparaît prédominant. Dira-t-on que l'art, par ses créations, tranche sur le milieu naturel ? Mais n'y a-t-il pas là une illusion subjective ? Ceux qui font cette objection admettent que les créations de l'art industriel contrastent, avec le milieu naturel, d'une façon bien plus tranchée. Or, nous remarquons que la puissance industrielle portée à son plus haut point, et jusqu'à rivaliser de complication avec les organismes naturels, se fait l'effet, à elle-même, d'une puissance naturelle. Une civilisation où se produit ce développement de puissance industrielle, dans de grandes proportions (et, suivant P. Bourget[1], ce serait le cas de la civilisation américaine), a conscience de son pittoresque, l'homme y jouit comme d'un grand spectacle naturel, de cette intensité de vie faite de l'activité qu'il déploie. L'opinion que l'homme, sa civilisation, ses arts, son appareil social tranchent sur le milieu naturel, se rencontrerait plutôt dans des sociétés dont l'activité, à la fois ralentie et réfléchie, ne serait pas autant à l'unisson de cette vie qui règne au sein de la nature, dont la complication industrielle n'approcherait pas autant de cette complexité que la science nous fait reconnaître dans les phénomènes. Mais, pour une société de ce dernier type, la conscience de son passé, transformant le milieu naturel où elle s'est développée et où elle vit, en paysage historique, peut faire se résoudre, d'une autre façon, l'antithèse entre l'appareil de la vie civilisée et la na-

[1] P. Bourget, *Sensations d'Amérique*.

ture. — Enfin, l'art considéré dans ses origines, dans ces premières œuvres, sources du développement ultérieur, se manifeste à nous comme une création collective, se rapprochant par là de l'impersonnalité et de l'objectivité des faits naturels et des événements réels. — Atteints de vétusté, qu'advient-il des monuments de l'art érigés par les antiques civilisations ? Ce qui est matière et forme plastique se superpose, œuvre séculaire des hommes à l'œuvre géologique des siècles ; ce qui est pensée, conception de la vie, demeure acquis, en se dépersonnalisant, à la pensée et à l'esprit humain, et détermine l'horizon de cette pensée, plus durablement encore que les entassements de matériaux ne fixent le caractère historique d'un emplacement célèbre.

IV. — Continuation de l'analyse du sentiment du beau pris à sa source, et confirmation de cette idée, qu'il implique une fusion entre deux termes, au premier abord, aussi hétérogènes que peuvent l'être, par exemple, la vie réelle et l'art.

Le type primordial de la beauté, origine du sentiment esthétique et artistique, réside indubitablement dans la plénitude d'existence réalisée par l'être humain. L'unité du réel ne peut être sentie que par qui peut en réaliser une image approchée dans l'art, et, avant l'art, dans la vie sociale, qui peut être considérée comme l'art le premier en date. De cette plénitude d'existence, qui est beauté, peut être offert en exemple le héros, le chef en un sens vraiment complet, des sociétés primitives. La condition de cet ascendant moral et physique, qui constitue le rayonnement propre de l'être humain vraiment supérieur, est une différenciation survenue dans le corps social, entre la tête et les membres, qui a pour effet d'isoler, dans un rapport d'opposition avec les autres individus du groupe social, le chef, presque divin, par un dédoublement analogue à celui que nous avons signalé, comme étant une condition du développement de la conscience. Mais cette dualité va s'effaçant dans l'identification du personnage éminent avec le groupe social qu'il personnifie, et du groupe lui-même avec ce qui est conçu par chacun de ses éléments comme lui donnant son unité. L'un s'absorbe dans cela même qui fait la beauté de sa fonction, l'élevant au-dessus de l'existence, simplement individuelle, et dans la pensée d'être quelque chose de semblable à la destinée ; les autres s'oublient à leur tour, en tant qu'individus, se haussant en idée à la grandeur imaginée par eux dans la fonction du commandement, en même temps qu'à la conception d'intérêts généraux supérieurs. L'ascendant exercé et subi se dissout, de part et d'autre, dans la continuité d'un sentiment unique.

Les mêmes phases s'observent dans le développement de tout sentiment analogue ; la même opposition des deux termes au premier moment, et ensuite la suppression de cette dualité, la fusion des deux termes pouvant être considérée comme la vie même et l'idéal réalisé du sentiment. Le dévot, dans son élan vers la Divinité dont il adore la représentation, réalise une expression morale qui n'est que le reflet de la physionomie qu'il attribue à l'objet de son adoration. Le véritable culte n'a-t-il pas, d'ailleurs, pour suprême idéal de faire descendre la Divinité dans notre for intérieur, son sanctuaire préféré? Réciproquement, humaine (quoique surhumaine) est la représentation figurée que le dévot contemple, et dont, suivant l'idéal religieux prédominant, les traits extérieurs reflèteront ou les splendeurs de l'activité heureuse, ou bien l'humble ferveur des simples. Ici encore la dualité devient presque fictive ; un dieu habite dans les âmes, et n'est objectivé, avec ses attributs, en des simulacres matériels, que pour procurer au sentiment un aliment, un renouvellement, une issue, un moyen d'expression. Les images expriment le sentiment, en portent l'empreinte bien plutôt qu'elles ne visent à être des représentations à proprement parler.

Le beau est, pour ainsi dire, un abstrait de l'héroïque et du divin. Nous ne le percevons pas sans nous en distinguer ; il faut un recul pour l'apercevoir ; l'éloignement du passé réalise parfois ce recul nécessaire. Mais ce n'est là non plus, encore une fois, que le premier moment. Le moment d'après, nous reconnaissons dans l'objet beau, ce qui nous complète, ce qui était attendu et réclamé pour le développement harmonieux et complet de nos facultés, un agrandissement de notre être vers lequel nous tendions obscurément.

On ne ressent pas le beau, disions-nous, sans s'unir à lui, sans être beau soi-même en pensée, d'une beauté intérieure. Ainsi la beauté de l'action héroïque, de la supériorité sociale, qui ne va pas sans une sorte de génie, en des temps où tout est à fonder, engendre épisodiquement cette beauté intérieure du contemplateur, qui en vient à s'épanouir dans le génie artistique. Avec le génie artistique, le centre du sentiment esthétique semble se déplacer de l'un des termes à l'autre, dans une dualité un peu analogue à celle qui nous est déjà apparue entre l'idéal héroïque et l'idéal de la beauté féminine. La vraie beauté réside-t-elle dans la plénitude d'existence, ou bien dans ce sentiment contemplatif excité par elle, et qui donne naissance à l'art? Et si, là où est le génie, là est la source de la beauté, le vrai génie est-il celui de l'action éphémère et périssable comme le corps, ou cet autre génie, qui dégage l'universel et le durable de la contemplation des actions humaines et de la vie, même lorsque, impersonnel et collectif, il fait se concréter lentement en des légendes et des personnages héroïques plus vrais que l'histoire, sans symbolisme voulu et dans une collaboration improvisée des imaginations avec les faits, l'œuvre anonyme et silencieuse des siècles? Le héros doit-il plus au génie qui attribue une portée universelle typique aux personnages et aux événements sur lesquels se pose son regard, pour qui un épisode, un personnage entre mille, souvent arbitrairement élus, deviennent représentatifs d'une longue suite d'actions et de progrès, ou le génie doit-il plus à la contemplation de cette plénitude d'existence dont le héros offre l'exemple? La question reste complexe et indécise; indécision qui ne laisse pas d'être significative. Ne serait-ce pas qu'il est de l'essence même du sentiment du beau qu'il ne puisse exister sans réaliser l'union intime de ces deux termes si opposés en apparence : la vie et l'art, — et que bien à tort on est tenté d'admettre, les méconnaissant l'un et l'autre, et méconnaissant leur mutuelle pénétration, que d'une part, se trouve la vérité, et d'autre part, autre chose que la vérité, qui serait la beauté.

V. — Un exemple du beau naturel; analyse du sentiment éprouvé.

Que l'on considère les caractères objectifs du beau ou la nature du sentiment qu'il fait naître (deux choses à peine distinctes, d'après tout ce qui précède), ce que nous avons établi en traitant de l'Art dans son idée, se confirme. Ce qui, dans les dispositions des choses extérieures, favorise notre tentative pour embrasser le réel dans son unité, prend, par cela même, un caractère esthétique, avec l'apparition duquel la nature semble s'humaniser. Et n'y a-t-il pas là, d'ailleurs, un phénomène comparable à celui par lequel des conditions matérielles subjectives, celles-là mêmes que réalise la structure de nos appareils sensoriels, rendent possible la perception des objets matériels, opération qui est, elle aussi, une réduction à l'unité, et dans laquelle est déjà incluse un art instinctif préconscient et une beauté élémentaire ?

Prenons un exemple simple et caractéristique d'une disposition des choses extérieures naturelles, propice à l'intuition du réel, excitatrice du sentiment esthétique. Une montagne, par exemple, nous fait, de son sommet, découvrir une plus grande étendue de pays et de ciel ; considérée d'en bas, elle nous offre à contempler, sur ses flancs, une superficie de terrain relevée devant nos yeux à la façon d'un tableau, et dans laquelle peut être rendue visible une grande multiplicité de détails. Si elle a une grande hauteur, elle réunit, en ses diverses zones d'altitude, les caractères différentiels des zones de notre globe; elle nous donne, pour ainsi dire, accès dans un autre élément : l'air ; et les eaux, dont la circulation sans trêve fut l'image du *circulus vitæ* pour le matérialisme ancien, les eaux fécondantes, s'élançant de ses pentes, nous donnent l'idée que toutes choses sont là dans leur principe et dans leur source. Indépendamment de tout un *complexus* de sensations moins intellectuelles, très diverses, qui nous la représentent, avec un certain caractère moral, comme bienfaisante ou nourricière, ou défiant le courage et attirant l'effort par un aspect vertigineux et abrupt, elle nous offre un raccourci assez complet, non pas seulement d'une région, mais même du monde terrestre, pour exalter notre esprit par l'accroissement qu'elle donne au champ de notre perception. Aussi le caractère esthétique des sommets, si du moins on convient que le beau et le divin ne sont pas sans rapports, a-t-il été senti de longue date. Quand elles ne furent pas des autels naturels servant au culte, plus rapprochés du ciel, ces cimes où nul ne portait ses pas, furent les demeures inaccessibles des dieux, entourées de nuages, considérées de loin avec une terreur sacrée; leur solitude, que nul ne songeait à troubler, devint tout naturellement un endroit peuplé de mystère et de surnaturel. Ces solitudes, aujourd'hui moins inviolables, dominent cependant de si haut les agitations humaines, et projettent même, sur toutes les productions de la nature vivante, l'ombre d'une antiquité si reculée, qu'elles nous symbolisent cet autre inaccessible, ces sommets ardus de la pensée humaine : le mystère de l'origine et du principe des choses.

Mais l'analyse est impuissante à démêler les innombrables particularités, en continuité les unes avec les autres, par lesquelles l'intérêt qu'excite en nous une chose belle se renouvelle incessamment et se répercute du physique au moral, nous faisant délicieusement craindre que nos sens et nos facultés intellectuelles ne puissent suffire à les recueillir, et qu'ainsi ces détails n'existent en vain. Tout au plus, rompant l'homogénéité divine des choses réelles, nous permet-elle d'y discerner certains éléments d'ordre corporel dont l'impression, directe ou imaginée, nous est une jouissance, jouissance sans égoïsme, étant prise, en quelque sorte, à une source inépuisable; d'autres éléments qui élargissent notre connaissance; d'autres, enfin, donnant l'essor à la pensée métaphysique. Le sentiment du beau est, en effet, un sentiment auquel participe notre être tout entier et dans lequel ses aspirations les plus opposées sont ramenées à l'unité. Et l'unité ne peut être réalisée dans l'individu sans l'être, du même coup, entre l'individu et ses semblables, entre l'individu et son espèce; c'est là la signification du caractère inhérent au sentiment du beau : l'universalité. Nous sommes affranchis du point de vue individuel. En même temps qu'une chose particulière devient pour nous le réel et nous le représente, l'individu particulier que nous sommes réalise en soi l'homme type, l'homme en général. Et conséquemment, dans une suprême réduction à l'unité tombent, entre le réel et nous, entre le moi et le non-moi, ces barrières élevées sur le modèle de celles par lesquelles chaque moi humain détermine jalousement vis-à-vis des autres « moi » la sphère de son individualité.

Le beau nous représente donc la réalité universelle, ramenée dans l'objet particulier aux proportions de notre faculté de percevoir. Il nous fait remonter d'une des manifestations particulières du réel au réel lui-même, que nous saisissons donc ainsi tour à tour dans sa complexité et diversité, et dans son unité. Cela même nous fait comprendre ce qu'est, dans la pleine et originelle acception du mot, une représentation. Une représentation enferme pour un esprit et une imagination, sous une forme déterminée, ce qui est sans forme, fait aboutir et se réfléchir en un sentiment dans lequel se mêlent l'être humain individuel et l'objet particulier qui le motive, l'universelle réalité dont ils sont, de toute part, enveloppés et pressés.

Ceci nous aide à comprendre comment une représentation plastique est quelque chose d'autre qu'un double, un simulacre de la chose représentée, et comment les arts, même non imitatifs, constituent néanmoins, une représentation du réel par l'intermédiaire de laquelle le réel se pose.

VI. — Comment l'imagination devient créatrice. — Mobile de la création artistique chez l'individu. — Le fondement réel de l'art existe dans la vie sociale et non dans un besoin de l'imagination qui ne se développe qu'ensuite. — L'art s'adresse à tout l'homme.

Le groupement, en une représentation, de ces divers traits qui, se rencontrant dans un objet ou dans un ensemble d'objets, en font pour nous un raccourci de la réalité, suppose une imagination, consistant essentiellement en faculté de percevoir des ensembles par une action commune des sens et de l'esprit. L'imagination est, fondamentalement, cette étendue de l'esprit qui le rend capable d'embrasser, d'une vue simultanée, de multiples rapports, et (avec le concours des sens) une complexité presque infinie de détails dans les choses perçues. De cette faculté découle une vision de la réalité sensible pouvant envelopper une conception de la vie et du principe suprême des choses, vision ayant, selon les cas, plus ou moins d'étendue, et aussi plus ou moins de profondeur. Une vision du réel si étendue, en divers sens, que l'on ne peut la garder pour soi seul, que l'on ne peut pas ne pas la communiquer aux autres hommes, est ce qui donne naissance à l'art. C'est ainsi que l'imagination devient créatrice.

En dehors de cette imagination dominatrice, initiatrice, incapable de se borner à la contemplation, qui fait le grand artiste, il y a chez l'homme, en général, un besoin de s'unir à ce qu'il reconnaît pour universellement beau ou qui l'intéresse esthétiquement par une correspondance fortuite et toute individuelle avec les dispositions de son âme. Mais pour réaliser cette union, la contemplation ne suffit pas ; elle doit devenir agissante. Nous sentons que ces détails d'un ensemble périssable, auxquels tour à tour notre pensée s'arrête, indiquant ce que la main doit s'efforcer d'en rendre, se fixeraient en nous par le fait même de cet effort. Qu'un aspect des choses, un moment de notre vie nous charme, nous concevons, avec joie ou angoisse, la possibilité et le désir de le disputer à la fuite du temps, de le faire durer en tant que représentation, d'en fixer l'image en une matière quelconque et en même temps au plus profond, au plus intime, au plus près de nous-mêmes. L'effort vers la réalisation artistique répond ici au besoin éprouvé par nous d'une identification de plus en plus étroite, et qui durerait, dans ce flux incessant des choses où rien ne reste dans le même état, ni le sujet, ni l'objet. Nous voudrions que cet aspect passager des choses qui nous ravit, non seulement pût durer, mais, en durant, ne nous devînt pas étranger, étant, en réalité, un moment de la vie où notre vie et la vie des choses se sont intimement mêlées et pénétrées. — Comme le type le plus caractéristique, la fonction la plus apparente de l'art semble être la représentation du monde réel jointe à l'expression de la vie morale, ainsi le mobile le plus directement compréhensible à tous, quoique suivi d'effet chez un petit nombre seulement, de la création artistique, semble être ce désir d'éternité qui ne distingue pas entre nous et l'objet contemplé et les veut durablement unis, tel qu'il s'épanouit dans ce vœu chimérique et par la suite malignement exaucé, du *Faust* de Gœthe [1] : « O moment, demeure, tu es si beau ! »

Mais l'art ne découle pas exclusivement de ce mobile d'ordre sentimental et par là même ayant quelque chose de trop individuel et arbitraire, et qui est d'ailleurs ici plus encore peut-être un effet qu'une cause ; car il a fallu que l'art commençât d'exister, de se développer bien antérieurement. L'art a une tout autre portée que celle d'une inspiration ou d'un caprice individuels ; il ne saurait être exclusivement fiction et jeu ; il repose sur

---

[1] Gœthe, *Faust*, 1re partie, p. 165 ; 2e partie, p. 462, trad. Porchat.

quelque chose de sérieux. Tout en répondant épisodiquement à ce sentiment qui nous fait aimer le spectacle du réel jusqu'à vouloir nous en pénétrer et nous y absorber, l'œuvre d'art doit trouver son support en quelque manifestation de la vie sociale et sérieuse. Exister, c'est avoir son support en quelque chose, c'est avoir une place parmi les choses existantes dans la nature ou dans la vie humaine. Ni l'individu ne peut s'isoler, ni une production de l'individu, sans se condamner à être éphémère. Et l'art même, œuvre commune des aspirations et des volontés, n'aurait ni base, ni idéal, s'il s'isolait dans une représentation du monde réel, qui ne serait que fiction. En réalité, il s'adresse à tout l'homme, il a sa base dans l'appropriation matérielle du milieu naturel à la vie humaine, réalisée par les diverses forces sociales ; épisodiquement, il marie la représentation de ce milieu naturel et de ses formes à l'expression de la nature humaine et à la commémoration du passé. Et comme ce n'est pas là toute la réalité, puisque au passé réalisé fait pendant l'avenir ignoré du monde et de l'homme, vers lequel nous tendons notre regard et notre volonté, cherchant tout à la fois un but, un idéal non trompeur, et espérant voir se dévoiler au bout de cet horizon le secret des choses, — l'art a son achèvement dans une méditation religieuse non abstraite sur ces possibilités qui limitent de toutes parts nos certitudes. Étant donné qu'il réalise l'unification de l'homme et du réel, on peut dire que l'imitation de la nature, la représentation des formes sensibles est dans l'art ce qu'est chez l'homme la vision du monde extérieur, la conscience ; or, ce moment de la vie de l'être humain est compris entre l'existence, base de la conscience, et l'action jointe à la conception d'un but par laquelle la conscience s'érige en personnalité. Ainsi dans ce raccourci du réel qu'est l'art, tiennent de même, superposés, la vie instinctive, sphère des arts simplement pratiques, la science, et le monde moral.

VII. — Les trois fins de l'art et la continuité nécessaire et naturelle entre ces trois fins, vérifiées sur les divers types de créations artistiques.

Par les arts dans lesquels prédomine l'utilité pratique, ceux des « beaux-arts », qui, dans le langage ordinaire, accaparent exclusivement cette qualification (je veux dire les arts de l'expression et de l'imitation), rejoignent les nécessités de la vie matérielle ; sur ces arts, considérés comme mineurs, ils jettent le lustre des belles apparences et en reçoivent solidité et vitalité. Mais entre les uns et les autres il y a continuité parfaite et enveloppement réciproque. Ni l'imitation des formes sensibles, ni l'expression des faits du monde moral, ni la simple utilité matérielle se muant insensiblement en utilité sociale et morale, ne sont des fins exclusives. En tant que fin prédominante seulement, chacune d'elle associée aux deux autres détermine, dans l'art, des domaines différents, mais solidaires, et l'on ne saurait dire, dans chacun de ces types d'art, où commence et cesse d'apparaître l'un ou l'autre de ces trois éléments.

Dans l'œuvre architecturale, par exemple, la fin prépondérante est une certaine destination matérielle de l'édifice qui, étant en même temps destination sociale, se trouve relevée par là au-dessus de la simple utilité. Dans les dispositions les plus générales ayant trait à la solidité, à l'éclairement, aux dimensions, et, en un mot, communes à toute construction ayant le caractère d'abri ou d'enceinte, on peut voir déjà poindre ce qui, dans l'édifice, l'approprie matériellement et moralement à une destination plus spéciale. Cette appropriation, si elle est aussi parfaite que possible, sera visible, c'est-à-dire que la structure de l'édifice répondant exactement aux actes qui s'y doivent accomplir en suggérera l'idée, devenant par cela même expressive. Suggérer l'idée de certains actes à accomplir, et exercer dans ce sens une action persuasive, éveiller les sentiments en rapport avec ces actes dus, c'est tout un, et ainsi le caractère expressif naissant déjà d'une heureuse et visible adaptation de l'œuvre architecturale à sa fin, réagit à son tour dans le même sens. D'un autre côté, par les conditions générales d'équilibre des matériaux empruntés à la nature extérieure et même par leur couleur, par ses proportions et celles de certains de ses éléments, ouvertures, colonnes, etc., — par ses lignes, — l'œuvre architecturale est représentative du milieu extérieur et de ses lois et en même temps de l'être humain ; et à un point de vue plus particulier, elle s'inspire des formes et des lignes qui prédominent dans le milieu plus immédiat et dans les productions naturelles ambiantes ; ces formes sont suggérées au constructeur par les impressions répétées qu'il reçoit de cette nature extérieure où il vit ; et leur emploi peut, d'ailleurs, être en même temps commandé par certaines lois régissant l'équilibre et le mode d'agglomération des matériaux, dont la nature nous fait voir l'application dans certains aspects du monde inorganique et dans cette diversité de productions arborescentes qu'elle dresse vers le ciel. Enfin, il y a une certaine harmonie de l'œuvre architecturale avec le milieu naturel qui semble être une garantie de stabilité et qui, poussée assez loin, lui fait en quelque sorte refléter le milieu ambiant. Elle semble alors prendre place parmi les productions naturelles du sol et perd son caractère voulu. Cette harmonie serait plus apparente encore si, à la représentation des formes naturelles ne se mélangeait nécessairement la représentation abstraite de l'être humain en ses proportions essentielles, et pour ainsi dire, le tracé idéal, le schème d'une certaine sorte d'actes émanant de lui; ce qui nous ramène à cet autre aspect de l'œuvre d'art déjà envisagé : le caractère expressif. C'est ainsi que chacun de ces trois éléments : finalité, caractère représentatif, vertu expressive, tour à tour discernés par l'esprit, vont se transformant incessamment l'un dans l'autre. Il faut qu'il en soit ainsi. Cette inaptitude à être défini par une fin unique à laquelle il serait assujetti, est la condition même de la liberté de l'art.

Dans les arts plastiques proprement dits, l'imitation de la nature est la fin prépondérante, mais les autres fins signalées existent accessoirement. En effet, on ne peut guère concevoir la peinture et la sculpture, ces manifestations de l'art plus fragiles, que comme devant contribuer à un effet d'ensemble dans un cadre architectural. La peinture aura, par exemple, cette destination matérielle de couvrir les surfaces murales disponibles et cette destination morale de contribuer pour sa part, par les sujets qu'elle traite, à l'impression qui doit se dégager de l'œuvre architecturale. Ainsi, dans les vieilles églises gothiques, les peintures, le vitrail, la sculpture, les bas-reliefs ont été le livre tout en images (et agissant d'autant mieux sur l'imagination), de générations peu lettrées, mais ayant une vie de sentiment intense. Étant un véritable discours persuasif, constituant un enseignement moral, ces œuvres joignent donc à la représentation des formes et des faits le don expressif. Il n'en est pas autrement de toute peinture ou sculpture digne du nom d'œuvre d'art. Elles ne sont pas seulement une représentation sensible de la vie extérieure ; à cette représentation, souvent malgré une impassibilité de commande, s'ajoute, dans la personne de l'artiste, l'homme, c'est-à-dire une certaine vision de la réalité et de la vie, plus vraie et plus étendue que celle du commun des hommes.

La même loi se vérifie pour ce troisième type d'art dont la fonction principale est l'expression des sentiments. La musique n'exprime pas des sentiments sans tendre à nous les communiquer et à nous porter à accomplir les actes consécutifs à ces sentiments. Ce n'est qu'accidentellement et inconsidérément, comme l'a montré Tolstoï[1], qu'elle se renferme dans une excitation sans but de sentiments; indifférente à l'état de notre volonté qui en pourra résulter. Considérée dans son essence et dans sa fonction sociale (et elle ne peut pas ne pas en avoir une), elle est l'accompagnement d'actes

---

[1] Tolstoï, *La sonate à Kreutzer*.

collectifs tantôt sérieux, tantôt ayant le caractère de divertissements, qu'elle rythme en quelque sorte mécaniquement et moralement, et en vue de l'accomplissement desquels elle nous inculque des sentiments appropriés. Par là, elle complète et anime cet ensemble artistique dont l'œuvre architecturale forme le cadre et la base, l'œuvre architecturale dont les attaches avec le sol et avec le milieu naturel et social sont plus apparentes, et dans laquelle peuvent être placées les assises de la vie humaine. L'imitation de la nature extérieure ne lui est pas non plus étrangère ; elle aura, dans l'art musical, le même caractère abstrait et schématique que dans l'architecture. Bien que cela soit moins sensible que dans les arts de ce dernier type, la musique emprunte aussi ses matériaux au monde extérieur ; ces matériaux ont aussi leurs conditions d'équilibre qui sont régies par des lois objectives, lois qui comptent parmi les plus abstraites, qui constituent une sorte de mathématique, mais qui ne nous sont pas moins représentatives de quelques-unes des conditions les plus générales de l'existence des choses. Bien plus, ces matériaux, qui sont les sons, ont une couleur particulière : le timbre, révélatrice de la nature du corps qui en est la source, et par là, la musique se trouve être naturellement imitative, quoique d'une façon épisodique, l'imitation restant subordonnée dans cet art à l'objet principal qui est l'expression. Enfin, mais plus exceptionnellement, il peut exister entre une nuance de sentiment rendue par la musique et certaine représentation ou scène d'un caractère suffisamment général, une corrélation qui rende ces dernières susceptibles d'être évoquées à l'esprit au moyen de sons par un *processus* inverse de celui par lequel certains épisodes de nature se résolvent pour nous en un état d'âme ; mais presque toujours, dans la musique pittoresque, intervient, comme auxiliaire, quelque artifice extérieur à l'art musical proprement dit, tiré d'un effet imitatif voulu s'appuyant sur une association préexistant dans l'esprit entre certains rythmes et telles ou telles scènes ou actions particulières d'une couleur déterminée et conventionnelle.

Entre tous les arts de ces trois types se manifeste une continuité, une répercussion, consistant en ce que les mêmes fonctions, les mêmes fins, se retrouvent dans chacun d'eux, tour à tour prédominantes ou épisodiques : ainsi s'affirme l'unité de l'art. Malgré le caractère prédominant de l'une des fins poursuivies, il suffit qu'il y ait rappel implicite des deux autres pour que l'œuvre d'art ait ce quelque chose d'indéfinissable dans sa nature et dans son but, qui la met à part de tout autre objet créé par l'homme, n'ayant de raison d'être que dans une fin déterminée à atteindre, et par là même investi d'un caractère strictement utilitaire, n'ayant que l'existence en quelque sorte abstraite ou factice de moyen, existence purement négative au point de vue esthétique. Elle reproduit ainsi et nous fait comprendre un des caractères les plus essentiels du réel, l'absence, non pas de finalité, mais de finalité définie, unilinéaire et non réciproque ; car on ne peut concevoir dans la nature ni un être, ni un objet, ni un phénomène, qui aurait pour destinée propre et unique d'exister en vue d'autre chose.

VIII. — Tendance des arts à s'unifier en un art total. — Distinction entre le sentiment du beau absolu et le sentiment artistique.

Chacune de ces fins inégalement représentées dans la tendance de chacune de ces trois formes d'art, ayant un égal droit à être poursuivie, il résulte de là que les différents arts ont besoin les uns des autres, s'appellent en vue de se compléter. Dès lors, le développement artistique n'a d'autre but que de faire concourir, en une certaine civilisation arrivée à son apogée, les manifestations artistiques de divers ordres à l'édification d'un art complet, en dehors duquel les œuvres particulières de tel ou tel art, à l'état de liberté, ne sont que les « *disjecti membra poetæ* ». Cet ensemble harmonieux, cette pénétration des arts les uns par les autres, est chose rare et éphémère ; c'est un équilibre tour à tour atteint, perdu et retrouvé. C'est en lui que le sentiment esthétique réaliserait sa plénitude, et cette plénitude, conséquemment, serait un phénomène assez rare. Dans la plupart des cas, nous sommes en présence d'œuvres isolées ayant le caractère d'études partielles, d'essais, reflétant, d'une façon plus ou moins consciente, une tendance vers cette mise à l'unisson des productions des différents arts en un chef-d'œuvre complet, ou bien résultant de l'expansion prise par les différentes branches de l'art se développant en tous sens, consécutivement à la réalisation momentanée de cet idéal. Il entre, par conséquent, dans le sentiment qu'elles nous inspirent une part d'imagination. Nous sommes obligés de reconstituer en pensée l'ensemble dans lequel nous nous les représentons entrant comme éléments, procédé analogue à celui de l'archéologue ou du paléontologiste replaçant, dans l'ensemble historique ou zoologique, un monument du passé ou un détail de structure. Le sentiment avec lequel nous apprécions l'œuvre d'art dans cette circonstance n'est pas exempt d'un certain dilettantisme et d'une sorte de détachement impliqué dans la distinction qui s'établit à son sujet dans notre esprit entre les choses de l'imagination et la vie, entre la fiction et le réel. Le sentiment du beau dans sa plénitude nous serait donc représenté plus véritablement par cette prise de possession complète des sens et de l'esprit réalisée par un spectacle qui n'est pas qu'un spectacle, mais une action à laquelle on participe, telle une cérémonie d'un caractère religieux ou civique dans un cadre approprié, réalisant une manifestation de la vie sociale sous un de ses aspects les plus relevés, — et dans laquelle les diverses formes de l'art, à la façon d'un rite, ne semblent endiguer un sentiment collectif que pour lui donner toute sa force et toute sa portée dans cette issue qu'elles lui ouvrent par l'expression. En un mot, le sentiment du beau n'existerait pleinement que dans une union intime de l'art avec la vie réelle, ne serait réellement éprouvé que dans un épanouissement de vie morale et sociale auquel l'art prête ses pompes tout en s'effaçant devant quelque chose de supérieur. Il ne se produirait dans sa plénitude que dans ces circonstances où l'art se subordonne de lui-même à une fin plus haute, où le sentiment esthétique change de nom, où l'art n'a plus conscience d'être de l'art, où le soupçon de rechercher une émotion d'un caractère purement artistique et intellectuel, à la façon du dilettante, paraîtrait une injure à la beauté vraie, une impuissance de se mettre à l'unisson, un aveuglement. Les arts, en effet, sont un langage et ne peuvent vouloir être supérieurs à ce qu'ils aident à s'exprimer. L'art suprême coordonnant tous les autres, comment ne se nierait-il pas, ne s'effacerait-il pas, devant l'idée dont il est le messager, devant cette vie à laquelle il donne une forme et dont il nous garde l'empreinte? C'est une banalité que le *culmen* de l'art soit atteint lorsque l'art se cache.

De ce vrai sentiment du beau qui se développe parmi ces manifestations de l'art, qui tendent à procurer à des sentiments et à des actes collectifs la perpétuité, la répercussion d'âme à âme, la répercussion vers le passé et vers l'avenir, le sentiment artistique apparaît donc bien distinct; il tient du sens historique ou archéologique; il a quelque chose de technique et d'un peu spécial; il n'est pas tout spontané, puisque pour extraire une jouissance esthétique de l'œuvre d'art isolée, il est nécessaire d'imaginer un ensemble dans lequel cette œuvre particulière trouverait sa place marquée, brillerait de sa vie propre, s'animerait, en un mot, parmi les sentiments de la vie réelle. Ce sentiment est bien nommé sentiment artistique, car nous ne l'éprouvons guère qu'en nous identifiant par sympathie à l'homme du métier, chez lequel il se mélange d'une impression par laquelle l'artiste se rend compte du degré de perfection de l'exécution, et d'une vision ébauchée, hypothétique de l'ensemble dans lequel l'œuvre en préparation trouvera sa signification et sa raison d'être. Mais le sentiment artistique lui-même se réfère toujours, comme à l'idéal entrevu et à la règle, à ce sentiment du beau auquel l'idée d'une séparation entre l'art et la vie est presque étrangère et dont le contenu est sentiment de la nature, ou amour, ou sentiment du divin, ou sentiment moral.

IX. — Caractère épisodique de certaines œuvres particulières ayant une existence indépendante vis-à-vis de l'ensemble artistique complet. — Relation entre ce fait et les transformations de l'idéal dans l'art.

La vie de l'art est donc dans une union des arts entre eux et avec la vie même. De cette union est un symbole, cette collaboration avec la nature recherchée souvent par l'art, soit qu'il se borne à mettre en œuvre et à présenter en son meilleur jour une matière précieuse par elle-même, pour laquelle l'homme n'a rien pu faire qui pût en augmenter la valeur, que de la rechercher et de la mettre en lumière ; soit qu'entre les lignes ajoutées d'une architecture, il capte la beauté du site, du ciel, des eaux, des monts environnants. L'œuvre d'art veut vivre ; elle a déjà, si nous la prenons à l'état naissant, la vie de ce qui appartient à un développement naturel, race, civilisation, école, tempérament individuel ; mais puisqu'elle est à la fois nature et humanité, elle aspire à la vie dans un vaste ensemble que régissent une idée et un but (pour être autre chose qu'une vaine possibilité), dans un vaste ensemble au travers duquel passe le flot de la vie humaine. Prendre possession de l'avenir, enchaîner l'avenir, c'est le rêve du législateur, du politique, qui veulent faire œuvre qui reste; c'est aussi le rêve du poète et de l'artiste. L'artiste, en quelque sorte, projette son œuvre vers l'avenir; pour sa part, dans sa sphère, il prépare (à moins qu'il ne soit un imitateur) ce qui doit entrer comme élément dans un monde créé par l'homme, dans un ensemble qui soit l'emblème caractéristique, l'apogée d'une civilisation faisant époque, et lui donne son unité. Une civilisation et, dans une civilisation, un art est un monde que l'homme élabore et dans lequel il recrée le vaste monde et en reconstitue le sens et le but.

Ce dont nous sommes partie intégrante, nous le voyons mal, nous le sentons au dedans de nous-mêmes exaltant notre vie intérieure. Nous ne discernons et n'imaginons pas distinctement le contour des objets sans un certain recul par lequel nous nous isolons, et nous ressaisissons. C'est ce qu'exprime bien ce mot du romancier Flaubert, réaliste imaginatif : « Plus je suis dans un milieu contraire et mieux je vois l'autre »[1]. Par contre, le sentiment du beau dans sa plénitude est plutôt une allégresse intérieure où l'on se sent tout amour, tout grandeur, tout bonheur, dans une union des volontés et des cœurs, à laquelle ne manque pas le concours de circonstances extérieures favorables artificiellement réalisé, qui, dans un univers restreint et factice, nous apporte le pressentiment d'une harmonie finale et naturelle entre la vie humaine et le libre univers. Mais, en même temps que nous sommes plongés dans ce sentiment, notre imagination s'attache à quelque

---

[1] G. Flaubert, *Correspondance*, 2ᵉ série, p. 159 (Charpentier).

détail de cet ensemble matériel et moral qui nous réalise la parfaite beauté, soit qu'elle cherche une diversion à l'intensité du sentiment, soit que, au contraire, le sentiment s'alimente de la contemplation de chaque détail lui devenant tour à tour précieux, dans cette complexité infinie de circonstances rivalisant avec la complexité du réel. Il y a là une sorte d'abstraction où prend naissance ce sentiment artistique proprement dit, par lequel nous apprécions la forme, l'épisode, pour eux-mêmes, furtivement en quelque sorte, et sans cesser d'être sous l'influence du sentiment complet qui remplit notre âme, d'où découle notre attitude morale et vis-à-vis duquel l'art qui le fait se développer atteint à la perfection en se faisant oublier. Supposons ce sentiment de la valeur de chaque détail, cet amour de la forme plastique poussé jusqu'à la perfection technique du « faire »; supposons joint à cela la faculté de se donner à soi-même, par avance, l'émotion de la beauté, en imaginant cette concordance entre des sentiments réels et généraux et un système de formes, concordance à laquelle l'œuvre particulière méditée apporte un élément, et nous avons l'artiste; c'est en sympathie avec l'artiste que nous jouissons de l'art en tant que forme.

On conçoit néanmoins que, en raison de leur puissance évocatrice, certains arts, notamment ceux dans lesquels la fin prépondérante est l'imitation ou l'expression, semblent susceptibles de nous procurer le sentiment du beau dans sa plénitude et d'incarner l'art dans ses plus hautes manifestations. A défaut du concert des différents arts, de cet ensemble qui ne laisse point à imaginer et dont elles nous offrent peut-être un raccourci, telles œuvres, prises isolément, peuvent créer autour d'elles une atmosphère morale. — En dehors de ces considérations, l'absence de subordination entre les diverses formes de l'art peut n'être que transitoire, elle peut révéler aussi un état d'anarchie, être caractéristique d'une époque où l'art est un dilettantisme, ne sait que s'imiter lui-même sans prendre conscience de sa fonction et de sa fin sociale, et peut être ainsi amené à considérer comme sa véritable raison d'être ce qui n'a été pour l'art, dans le passé, qu'un moyen. Mais elle peut aussi avoir une signification relative à une transformation possible de l'art. Les bases de la vie sociale et politique devenant de plus en plus étendues, les données psychologiques, auxquelles se réfère l'optique propre régissant les proportions de l'ensemble artistique, ne se trouvent-elles pas changées par cela même, ou ne tendent-elles pas à changer? Ces proportions, en ces cités de l'antiquité ou du moyen âge, dont l'œil pouvait presque embrasser d'un seul regard le territoire et les dépendances, se confondaient presque avec celles de l'État lui-même. Parmi les édifices groupés, suivant les exigences du site, au pied d'une acropole, donnant à la cité cette attitude véridique de défense et de vigilance que l'idée du danger fait si naturelle, ou de sécurité ayant son expression dans l'image majestueuse dressée au point le plus haut, de la divinité patronne ou personnification de l'État, toutes les manifestations de la vie sociale avaient, dans un horizon limité, la beauté des choses claires exemptes d'abstraction et, par cela même, concevables sans le secours de symboles. L'art n'était que la vie sociale dans son cadre, resserrée dans les limites d'une si juste perspective qu'elle se tenait lieu à elle-même de représentation figurée. Les croyances religieuses n'étaient presque que l'expression, nullement mystérieuse mais limpide, des faits du milieu naturel et de la vie humaine, selon les moyens dont l'imagination disposait pour s'en faire une idée et les exprimer au moment où elle en fut le plus frappée. — A des époques de hiérarchie et de civilisation polie, la vie de cour, l'existence représentative et les plaisirs pompeux d'un monarque incarnant l'État dans sa personne, et de grands vassaux monarques au petit pied dans leurs gouvernements provinciaux, fut le thème sur lequel s'établit l'accord des différents arts. Les splendides tapisseries représentant les mois de l'année par les résidences, cérémonies, occupations et divertissements royaux, les comédies-ballets de Molière nous donnent l'idée, sous Louis XIV, d'un ensemble artistique de cette sorte, dont les éléments avaient pour signification : la vie de cour. Dans cet ensemble où tout paraît concourir à la glorification d'un homme avec lequel l'État s'identifie, la fable, l'apothéose mythologique, voire même les pompes religieuses, mettaient de l'au delà, introduisaient la part de fiction ou d'idéal supérieur nécessaire pour que le surhumain, le surnaturel, éléments de toute réalité intégrale, fussent représentés[1]. Toute manifestation de l'art, à cette époque, qui ne subit pas l'attraction de cet ensemble, ou bien participe d'un autre système d'influences, ou bien met en lumière cette liberté de l'art qui le fait se jouer en

---

[1] « L'Olympe ne pendait aux voûtes
Que pour compléter le grand roi ! »
(V. Hugo, *Voix Intérieures*, II.)

épisodes imprévus, cet oubli ou cette transformation du thème dominant qui se rencontrent même par intervalles dans les œuvres plus particulièrement expressives du caractère dominant de l'époque.

Un autre idéal s'est rencontré, absorbant et pénétrant plus complètement et plus largement, pour les juxtaposer, les manifestations des différents arts dans ce qu'elles ont de plus individuel; ce fut le sentiment religieux chrétien. Quel art, mieux que l'art chrétien, put, dès ses origines, donner place à l'épisode et concilier les libertés de l'inspiration individuelle avec l'expression d'un sentiment profond? L'idée mère de cet art fut un symbolisme, ayant sa source dans les paraboles, par lequel certains objets figurés pris dans la nature extérieure ou dans la vie humaine devinrent des attributs et des signes commémoratifs des faits et des vérités de la nouvelle foi. La puissance morale et matérielle du christianisme s'est marquée par sa puissance d'assimilation pour les éléments étrangers. Devenu religion officielle, il désaffecte à son profit les sanctuaires, le cérémonial, la métaphysique, quelquefois les héros et les légendes du monde païen. Dans sa réaction contre le principe du polythéisme, divinisation des forces du monde matériel, tout lui devient symbole. La nature n'est plus la nature, elle est une allégorie. Les faits de l'histoire universelle ne possèdent pas, pour le christianisme, la simple vérité littérale, ils sont figuratifs. Et de même aussi la vie de tout être humain, dans ses événements les plus humbles, est une figure, une allégorie, d'où ressort un enseignement. Ainsi tout se trouve relevé, tout a son prix; chaque vie individuelle, chaque détail de l'univers matériel, chaque fait du passé, tout a un sens, est une commémoration des vérités essentielles, et ainsi aussi ces vérités deviennent omniprésentes. Jamais la diversité épisodique des manifestations de l'art, des innombrables aspects de la nature, n'a pu être mieux réduite à l'unité que lorsque existait, sous sa forme vivace, ce sentiment profond de la signification morale recélée par chaque détail de la création et de l'histoire, qui a inspiré tant de grands artistes. Ce caractère éminemment compréhensif de l'esthétique chrétienne n'est que le reflet des aspirations cosmopolites qui furent, de tout temps, le le fonds de cette foi et de cette Église. L'idée de domination universelle était l'âme de cette esthétique à laquelle rien ne demeurait étranger dans l'univers et qui donnait au sentiment du beau pour contenu l'union étroite de l'individu et du divin, ces deux pôles entre lesquels tient toute la réalité.

Il est naturel que les groupements politiques et sociaux de l'humanité actuelle participent de ces trois systèmes et de leurs idées directrices : étroite solidarité de l'individu et de la cité pour le perfectionnement de l'un et de l'autre, organisation et centralisation oppressives, aspirations à la domination universelle, — modifiées dans le sens de ses propres tendances, qui ont pour caractères le réalisme, le positivisme pratique et l'abstraction scientifique. De ces divers éléments découle, par conséquent, l'esthétique immanente aux manifestations de l'art actuel. Ne semble-t-elle pas osciller tout comme les sociétés actuelles entre l'individualisme et le cosmopolitisme, deux termes qui s'identifient plutôt qu'ils ne s'opposent; l'individualisme, dont l'influence se marque par la prépondérance des arts purement littéraires, le cosmopolitisme qui (tout en se développant sur les assises d'une vie nationale fortement centralisée chez la plupart des peuples civilisés) a eu pour antécédent, à notre époque si éprise d'histoire, de suprématie coloniale et de voyages, le goût de l'archaïsme et de l'exotisme, et qui se manifeste, à l'heure actuelle, par une correspondance merveilleuse entre les tendances des divers pays, tant au point de vue littéraire, artistique et philosophique, qu'au point de vue des problèmes politiques, sociaux, pédagogiques, qui se posent à eux; correspondance nullement étonnante, puisque par dessus les barrières des nations et des races la science impose à tous indistinctement les éléments d'une conception commune de l'univers, point de départ non négligeable de cette conception de la vie qui se traduit dans l'art. Comme la vie, l'art tend sans doute à se transformer. Sur beaucoup de points, il a cessé d'être inhérent aux mêmes choses, comme si son centre se déplaçait. Dans combien d'objets, le travail personnel de l'art qui s'applique à créer l'unique, a-t-il été remplacé par des dispositions simples, d'une clarté abstraite, d'un caractère industriel, dictées par les lois de la science! L'art semble devoir trouver son point d'équilibre simultanément dans la culture complète de l'individu humain et dans une organisation du monde terrestre tendant à en faire la plus parfaite œuvre d'art. Ce sont là deux fins non dissemblables et plutôt corrélatives, de la même façon que dans l'idéal hellénique, la perfection de l'individu dans la cité et la perfection de la cité s'impliquaient mutuellement.

IV

LE RÉEL

> ..... νόμῳ αὐτῷ βοηθῆσαι καὶ τέχνῃ,
> ὡς ἐστὸν φύσει ἢ φύσεως οὐχ ἧττον
> εἴπερ νοῦ γέ ἐστι γεννήματα.....
> (Plat., *Leg.*, 890 d.)
>
> « Der Mensch ist Etwas, das uberwünden
> werden soll..... Alle Wesen bisher
> schufen Etwas über sich hinaus. »
> (Nietzsche, *Zarathustra*, p. 9.)

I. — Dans l'art s'affirme l'unité du réel. — Tendance à l'unité existant dans l'esprit humain sous deux formes.

L'unité du réel s'affirme et se dégage de toutes les manifestations du sentiment artistique et de l'art. Le beau nous apparaît comme unique, non comme une chose particulière, et, dès lors, ne peut que nous être une représentation, un aspect synthétique de la réalité universelle qui vient y aboutir et dont les éléments viennent s'y entrecroiser ; il est la plus haute expression du réel. Si l'on considère, de plus, que l'un des deux éléments inséparables dans lesquels se résout l'existence du beau est le sujet sentant, nous sommes conduits à concevoir, dans son unité, une réalité qui n'a pas seulement l'unité que peut posséder un univers matériel, objet de notre contemplation, mais l'unité plus compréhensive, plus concrète et ne laissant rien en dehors d'elle, d'une réalité qui serait à la fois par elle-même et par nous, d'une œuvre commune à laquelle nous participons, et que nous comprenons dans la mesure où nous y participons. L'idée d'une réalité qui serait pour l'homme un spectacle, un objet de contemplation, n'apparaît que pour se supprimer dans la conception plus complète d'une réalité dans laquelle l'homme se reconnaît partie intégrante et se sent agissant à tous les degrés.

Cette unité, l'homme y tend individuellement et socialement par la connaissance qui est une réduction du multiple à l'un, par la science, par le groupement en nations et le développement social, qui progressent parallèlement avec le sentiment engendré par la science, du déterminisme, en d'autres termes, de la solidarité des phénomènes de l'univers. Cette tendance est tout à la fois représentée dans son esprit par la recherche de l'ordre, du principe de symétrie de toute chose complexe, et par la tendance de notre raison qui nous force à considérer toute chose sous son aspect universel. Elle est comme le pressentiment, d'une part, de l'ordre, et, d'autre part, de l'unité de l'univers, au total : de l'ordre universel. Elle pousse l'homme, d'une part, à cette recherche de l'unité, qui est simplification ou analyse; et, d'autre part, elle le pousse à se compléter, à étendre son existence en tous sens, à vivre plusieurs vies, à se reconnaître partie intégrante d'ensembles plus ou moins étendus, famille, cité, nation, humanité, univers, pour satisfaire à son aspiration d'être avec ce qui ne périt pas, de s'égaler au réel ; et cela aussi est recherche de l'unité, mais dans un sens bien plus concret. Mais l'unité ainsi

entendue se manifeste à notre imagination sous la forme
d'une continuité, en même temps qu'elle est conçue par
notre sens moral et par la pensée métaphysique comme
une suppression des contradictions et des limites posées
par la pensée abstraite. Cette continuité, l'art la réalise
précisément, l'art qui rend sensible, en organisant une
création intermédiaire entre la création naturelle et la
vie humaine, cette solidarité unissant ces deux termes
séparément incomplets, l'être moral et l'univers, que la
raison conçoit comme nécessaire, quand elle essaye
d'embrasser l'ensemble des destinées de l'un et de l'autre ;
l'art, épanouissement commun de la nature et de la vie
humaine. Et, ainsi, il nous initie non pas seulement à
la nature, non pas seulement à la nature humaine, mais
encore à l'unité, comme caractère le plus distinctif du
réel, à cette unité que la morale postule et qu'elle incarne
en un être moral supérieur, réalisant l'harmonie et même
une continuité complète entre la nature et le « règne
de la grâce », « en sorte que Dieu, comme architecte,
contente en tout Dieu comme législateur[1] », — à cette
unité qui est Dieu même.

II. — Que sont l'art et le beau en eux-mêmes, dans la réalité ? — La seule beauté objective est celle de la réalité universelle, représentée dans les beautés particulières qui en découlent comme de leur source. — La beauté est unité.

Au premier aspect, l'art, une œuvre d'art prise en
particulier, nous est une représentation du réel au même

[1] Leibniz, *Monad. 89.*

titre que le pourrait être une conception des choses s'étant développée dans notre esprit. Mais, après avoir embrassé l'ensemble des choses, il reste à notre pensée à se situer elle-même et non pas seulement l'être vivant qui lui sert de support, dans cet ensemble ou par rapport à cet ensemble; et même sa représentation des choses ne vaut qu'autant que, par la réflexion, nous sommes sortis du point de vue relatif pour essayer d'envisager ce qu'est elle-même, par rapport à l'être et prise absolument, cette pensée qui conçoit les choses, et de lui découvrir une continuité avec les choses, qui justifie et ramène à ses vraies proportions le fait de la science. De même pour l'œuvre d'art. Si elle nous représente le réel, — en raison de cette part de convention qui est en elle, elle fait se poser à notre esprit cette question : qu'est-elle elle-même dans son fonds, et qu'est l'art; par où se rattache-t-elle, et par où se rattache à la réalité, à la nature, l'ensemble dont elle fait partie? Où est le lien de continuité? — Et à ne considérer que son contenu, cet épisode de réalité qu'elle nous représente plus spécialement n'est non plus pour nous un raccourci, un symbole de la réalité, qu'à condition de faire intervenir l'idée d'une continuité de chaque chose avec l'universalité des choses, que par l'adjonction idéale de tout le reste comme étant impliqué dans cette partie du tout, comme en formant la trame. Le beau qui, soit dans l'art, soit dans la nature, implique toujours deux éléments, la nature objective et l'être pensant, l'univers et l'homme, n'est le beau que parce qu'il nous est une représentation du réel, représentation qui se résout finalement en une certaine équivalence avec le réel. Or, point de représentation, point d'équivalence, sans une continuité effective entre la représentation considérée comme partie du tout et le tout, entre la représentation et l'être par lequel et pour lequel cette représentation existe ; par suite, sans la réalisation de l'unité consciente d'elle-même entre les éléments les plus opposés du réel, réalisation éphémère, toujours recommencée, mais qui fait vivre et se retremper la pensée dans l'absolu, et l'affranchit momentanément de ses propres abstractions.

Deux points se dégagent donc. Le beau qui, à première vue, semble résulter d'une adaptation fortuite ou cherchée par nous, des objets extérieurs à nos facultés sensorielles et intellectuelles, et se trouverait ainsi avoir simplement une existence relative à nous, prend une existence objective et absolue en tant que l'impression de beauté ressentie par nous à l'occasion de l'objet limité, particulier, s'adresse à la réalité tout entière. Les grands hommes, selon Emerson, *representative men,* sont l'homme-type, leur génie n'est que le génie de l'humanité[1]. De même, la Réalité seule est belle, et est belle au sens absolu. Tout au moins la beauté des choses particulières a sa source dans ce don qu'elles ont de nous devenir une représentation du réel, et cela nous ne pouvons l'admettre sans nous représenter le réel comme source inépuisable de beauté, comme le beau en soi dont les beautés finies sont les « fulgurations continuelles ». Du même coup, nous faisons abstraction du caractère particulier de l'objet dans lequel tient pour nous tout le réel, et aussi (puisque l'objet et

---

[1] Emerson. *Les surhumains,* trad. Izoulet.

le sentiment ne font qu'un), des bornes de notre propre individualité, en sorte que celle-ci et celui-là s'effacent dans l'idée d'une réalité belle en elle-même et pour elle-même. Relativement à l'avènement de cette idée, l'existence de l'être individuel conscient et celle de l'objet ont le caractère d'un moment provisoire ou encore de l'organe accessoire indéfiniment recréé par le besoin et qui ne fait jamais défaut. La beauté du réel ne tient pas à un aspect passager des choses, à ce moment de joie dans lequel elle fait vivre l'être fini, pas plus que la vie de l'esprit dans une conscience ne tient à telle ou telle des idées qui s'y succèdent et dont le renouvellement est assuré. Il y a en elle quelque chose d'éternel. Cette certitude est le fonds réel du sentiment du beau.

De cette beauté du réel, de cette nature du beau en soi et du réel, que pouvons-nous discerner? Cela d'abord (et c'est le second point), que le réel est l'un par cela même qu'il est le beau. Tout ce qui a rapport au beau est marqué de ce caractère d'unité, est régi par cet idéal d'unité, l'amour, l'ordre, la représentation figurée, l'acte du sujet percevant, tout art pratique ayant pour fin quelque convenance matérielle ou morale ; et toutes ces choses s'unifient à leur tour dans ce sentiment qui nous fait apparaître la beauté de l'universelle réalité. Quant à cette unité, les oppositions qu'elle efface, les dissonances qu'elle apaise, en font sentir le prix. Elle n'est point purement abstraite; elle n'est point non plus un objet de contemplation passive ; elle est un idéal vivant ; elle nous paraît avoir besoin d'être recréée par nous pour être vraiment.

III. — L'unité dans le réel est infinité; elle est aussi continuité et complexité infinie. — L'infini moral.

La nature du réel et aussi sa beauté réside donc dans l'unité, unité faite de la tendance de toutes choses vers cette unité, et cette tendance, nous l'expérimentons en nous-mêmes, telle qu'elle peut exister en tout être de l'univers, mais d'autant plus consciente et efficace que l'existence de l'être humain implique des dépendances plus multiples et a un rayon d'action plus étendu. Unité virtuelle, en voie d'être réalisée, ou réalisée en fait, ou assurée de sa réalisation, ou attendant de certains êtres particuliers sa réalisation contingente? Question non susceptible d'une réponse catégorique, et que peut-être nous fait nous poser une disposition d'esprit anthropomorphique, qui nous pousse à ériger en loi objective de l'universalité des choses, en forme de l'existence absolue, le mode successif, comportant un « avant » et un « après », un « pas encore » et un « maintenant ». Et, il est possible que, de notre point de vue limité, nous n'ayons une idée du temps réel et total que par des éléments du temps qui s'y combinent d'une façon que nous ne pouvons imaginer, et trop brefs, trop étroitement dépendants de notre existence organique pour que le cours absolu du temps et sa direction puissent s'y refléter, — ou que le temps n'ait de sens que par l'idée de ce seul progrès dont nous soyons certains (progrès purement idéal); par lequel l'être particulier devient, de sa propre initiative, de moins en moins étranger aux autres êtres, par lequel les rapports jusque-là extérieurs des êtres, deviennent des rapports concertés, par une transformation de la nécessité en vouloir, et dont la science est le fruit le plus caractéristique.

Mais l'unité qui ne laisse rien en dehors d'elle et à laquelle tout se ramène, est infinité. Rien de ce qui est, rien de ce qui sera n'est en dehors d'elle. Ce n'est pas l'unité d'un ensemble envisagé à un moment donné du temps, et qui, par suite de nouveaux éléments survenus ou négligés, est agrandi, transformé, réduit à n'être qu'une partie d'un tout plus vaste. Du même coup et par cela seul qu'il est l'unité parfaite, le réel est la source inépuisable de tout. Comment cela est-il possible? Les impossibilités qui s'offrent à nous résultent de l'invincible préjugé qui nous porte à concevoir la réalité absolue comme un univers matériel, un mécanisme, et cela d'autant moins légitimement que la science elle-même, se privant d'user dans l'étude de certains phénomènes physiques qu'elle traite de plus en plus exclusivement par le calcul, d'hypothèses représentatives, semble par là en voie de renoncer à l'idée d'une explication trop simplement mécaniste de l'univers[1]. Quoi qu'il en soit, l'infinité du réel se révèle à nous sous la forme d'une création continuée (en détournant un peu cette expression de son sens habituel), à laquelle nous ne devons pas assigner de terme, contrairement à cette tendance de notre esprit en vertu de laquelle une chose n'existe pas pour nous si nous ne pouvons l'enfermer

---

[1] Ostwald, La déroute de l'atomisme contemporain (*Revue générale des sciences*, 15 novembre 1895).

entre certaines bornes. Et, d'autre part, nous sommes
insensiblement portés vers cette idée que ce n'est pas en
ajoutant indéfiniment, par la pensée, à cet énorme amas
de faits et d'existences qui constitue notre univers,
d'autres faits, d'autres existences, dans tous les sens,
sans trêve, que nous parviendrons à nous former une
idée de la réalité elle-même. L'infinité numérique des
existences et des faits, d'ailleurs inconcevable, ne peut
être évidemment qu'un symbole; et invinciblement surgit dans l'esprit l'idée d'un infini non quantitatif dans
lequel la multiplicité des faits et des existences s'abolit, en même temps qu'elle y est renfermée comme en sa
source; le réel devient ainsi le divin. Le problème touchant les rapports de Dieu à la création n'est qu'une méditation portant sur cette difficulté de faire se rejoindre
et se compléter l'une par l'autre ces deux idées, l'idée
d'une réalité absolue qui, en un certain sens, est déjà
tout ce qu'elle sera (en un sens tel, toutefois, que l'action, la poursuite d'un but, ne soit pas un leurre), et
l'idée d'un monde se développant dans le temps et
auquel, pris en lui-même, convient aussi peu la finitude
au sens où nous pouvons la comprendre par analogie
avec les objets, que l'infinitude.

Considérée sous un autre aspect, cette infinité que
nous ne pouvons manquer d'attribuer au réel, se traduit
en cette continuité plus effective, plus visible, en cette
connivence qui relie soit le beau dans les choses, soit le
génie à toute la réalité, et les rend capables soit de nous
en devenir, soit de nous en fournir une représentation.
Or, cette continuité, elle se reflète pour nos facultés de
perception, en cette complexité infinie, réelle en chaque

objet de l'univers, mais plus visible en l'objet beau. La complexité sans bornes des choses est donc une autre forme de l'infinité, une sorte d'infinité en profondeur qui fait se refléter, en chaque chose particulière, l'universelle réalité. Par elle, tout est dans chaque chose. Il y a là comme la réalisation d'une condition objective de la pensée, une conformité de l'être aux lois de la pensée, une anticipation de cette loi en vertu de laquelle, en égard à l'enveloppement réciproque des idées les unes dans les autres, tout est dans tout. La réalité s'y révèle presque à nous comme pensée et réflexion objective. La pensée religieuse donne à ce fait métaphysique une expression, lorsque, transfigurant les circonstances les plus minimes par l'idée d'une action divine toujours présente, elle voit Dieu partout et transforme la nature, l'histoire, la vie en une perpétuelle allégorie; or, mettre Dieu partout équivaut à mettre partout la pensée. Inversement, en effet, la pensée en concevant ou constatant semblable à elle le réel, en l'humanisant, l'a précisément divinisé.

Ainsi, comme Leibniz, forcé de sortir de l'enchaînement des causes secondes pour trouver la raison suffisante des existences contingentes, nous sommes rejetés de l'infini matériel, concept contradictoire, dans l'infini du possible qui n'est que l'infini de la pensée, dans l'infini moral, dans l'infini du vouloir,— l'infini matériel n'étant peut-être conçu par la pensée que pour exprimer l'absence de commune mesure entre les corps matériels et l'esprit, l'abîme infranchissable entre le point de vue objectif, externe, et le point de vue interne de la conscience.

IV. — Le beau, forme supérieure du bien, fondant un optimisme. — Perfection du réel sensible dans sa complexité et dans son caractère impérissable.

L'objet naturel de la pensée, d'ailleurs le seul dont elle soit remplie, est l'infini ou le divin, ou en d'autres termes le réel. Inséparables sont ces deux termes : l'humain et le divin. Ce n'est pas uniquement par une certaine symétrie de ses parties réalisée naturellement ou artificiellement, comme par égard pour les facultés dont nous disposons, qu'une chose est belle. En elle, il est vrai, la réalité s'humanise, devient comme un autre nous-mêmes. Mais comme la pensée humaine contient l'idée de l'infini, a sa principale raison d'être dans la conception de l'infini, ainsi le beau n'est d'abord humain, anthropomorphique, que pour nous élever au surhumain, au divin, à ce qui nous dépasse. Il n'y a pour l'homme perfection que dans ce qui ouvre une carrière infinie à ses aspirations, dans ce qui lui donne, sans trêve, à penser et à deviner. C'est un plat optimisme que celui qui démontrerait que chaque chose, matériellement parlant, est pour le mieux dans notre univers. Point de conception véritablement optimiste de l'univers, répondant aux parties élevées de la nature humaine, qui ne donne place à la foi récompensée d'avoir cru, sans preuves tangibles, à l'abnégation de soi et à la tendance au progrès. C'est ainsi que le beau se trouve être une des formes supérieures du bien et a peut-être pour fonction d'exciter un progrès dans nos idées relatives au bien.

Beauté, c'est ce qui, dans une chose, nous donne la conviction de sa bonté, d'une bonté constatée non directement, à laquelle il nous faut croire, d'une bonté que nous ne pouvons comprendre sans nous élever au-dessus de notre nature, vers la compréhension de laquelle il nous faut progresser pour notre plus grand profit, mais que nous nous sentons dignes, dès maintenant, de connaître. Telle est la beauté du réel. Elle repose au fond sur cette persuasion que la réalité est toujours supérieure à nos aspirations, parfaite si nous la considérons en sa source, dépassant prodigieusement nos imaginations et nos aspirations, si nous la considérons comme création en ses développements multiples. Et cette conviction, d'autre part, nous ne pouvons l'acquérir sans nous déprendre à quelque degré de nous-mêmes, dans un affranchissement de notre égoïsme qui ne nous laisse plus que le caractère d'être pensant et le sentiment d'une telle fonction dans l'univers, que, en regard de ce devoir, ces idées de bonheur humain dont nous nous embarrassons dans nos appréciations sur le degré de perfection des arrangements de l'univers, pèsent peu de chose.

Cette beauté, source des beautés particulières, est donc le pressentiment de la bonté définitive, quoique jamais définitivement saisie par la pensée, de l'être en soi, de la perfection du réel, en même temps qu'une initiation à un bien supérieur à celui qui est couramment préconisé. Cette beauté, promesse de perfection intrinsèque, ouvre nos cœurs tout à la fois à des aspirations plus hautes et cette conviction que le réel ne saurait être au-dessous de nos aspirations. Sa signification est : identité du réel et de l'idéal, perfection infinie, absolue du réel, infinie en ce sens aussi qu'elle se révèle à nous au cours d'un progrès dont la carrière n'a pas de terme concevable. Donc beauté c'est infinité, mais infinité c'est perfection sensible au cœur et à l'esprit, comme surhumaine, et par là même humaine, puisque l'homme, soit en matière de liberté, soit en matière de progrès, aspire à l'infini, puisque l'infini, le surhumain existe surtout comme but des aspirations humaines.

La perfection sensible à l'esprit c'est l'illimitation en étendue et en profondeur du champ des objets à connaître, et en même temps, toujours l'organisation, l'ordre se retrouvant jusque dans les derniers éléments, et les éléments de ces éléments, en même temps aussi la conciliation des contraires, la continuité vivante. Or, en fait, que voyons-nous? Partout et à perte de vue, des existences, « rien d'inculte, rien de mort », partout la vie, partout notre imagination dépassée, non seulement des êtres innombrables, un univers dont l'exploration ne peut que reculer les limites, mais la vie sans arrêt. Partout aussi l'organisation, les multiples rapports des existences, une complexité qui naît en quelque sorte sous le regard et s'augmente avec l'attention de l'œil qui la considère. Que l'on s'éloigne ou que l'on se rapproche, cette complexité persiste, ne semble ni augmenter, ni diminuer, ne cède pas, vaincue par l'analyse. Dans le groupement des constellations du ciel, dans les formes découpées des continents et des îles, et dans l'indication de leurs particularités géographiques même sommairement retracées sur une carte, comme dans les nervures d'un végétal, dans les fragiles merveilles d'un flocon de neige, même dans l'aspect d'une page couverte de signes imprimés, dans ces délicates arborisations que le microscope découvre dans une tranche de substance grise, se retrouve la complexité toujours aussi riche du réel. Des lacunes de beauté, d'ordre, de vie (ce qui est tout un) purement apparentes, se résolvent pour une vue plus étendue ou sous un regard plus aigu en des symétries inédites, en des formes organisées que notre imagination n'eût pas inventées. Cette complexité infinie fait l'effet d'une continuité compacte, de cette continuité du vivant qui ne laisse point voir de quoi il est fait, qui est à sa façon un indivisible. Et comme rien n'existe qui ne soit agissant, comme tout est toujours en travail, la même complexité d'organisation règne dans les choses et dans leur devenir.

Mais cette complexité dans le devenir, cette profondeur infinie des conséquences, cette perspective de possibilités qui s'ouvre pour l'esprit dans un seul fait arrivant à l'existence, rend concevable que toute chose, même mauvaise sous un certain aspect, se tourne en bien ou soit neutralisée, je ne veux pas dire ait sa compensation (une telle conception aboutirait à un indifférentisme moral), mais se tourne en un bien auquel on ne pensait pas. Rien n'est ou n'arrive qui n'ait ordre ou organisation devenant, à un certain moment ou sous un certain aspect, perceptible. Quelle démonstration d'ailleurs d'une perfection du réel sensible au cœur, celle-là, autant qu'à l'esprit, que cette perpétuité de vie sans arrêt, cette supériorité du réel sur l'idéal, même en ces matières où il est admis que la « prosaïque » ou « l'indifférente » réalité se fait un jeu de froisser nos aspirations, dans la vie humaine et dans l'histoire. Il faut à ce qui ne meurt pas une puissance qui a sa raison d'être dans une perfection qui ne peut causer de déceptions, qui ne peut rester en deçà de l'idée la plus haute. Ce qui est impérissable ne se conçoit comme impérissable qu'en tant que tournant inévitablement en bien. Et le bien absolu autant qu'on peut le concevoir sans mélange d'un bien trop humain, qui n'est souvent que notre convenance, ne peut être que cet équilibre, cet ordre, cette force féconde, ces actions heureusement concertées et s'enchaînant sans précipitation, dont le caractère impérissable du réel nous apparaît comme l'effet; bien assurément digne d'occuper un être terrestre il est vrai, mais dont les pensers vont au-dessus de sa condition finie, à ce qui est universel, à ce qui ne périt pas.

Donc, défaite avouée et consentie d'un idéal purement humain devant un idéal supérieur pressenti, et du même coup agrandissement de notre horizon moral, là est la perfection du réel sensible au cœur, et aussi sa beauté. Non moins que par l'infinité des choses, non moins que par leur complexité infinie, non moins que par leur identité avec l'idéal le plus haut, la perfection du réel se révèle encore dans cette continuité qui efface les oppositions et les limitations auxquelles se complaît la pensée finie. Nous pressentons que les limites ne sont pas où elles semblent être. Nous pressentons que ces domaines que l'esprit découpe dans le réel, nature, humanité, destinée, surnaturel, en fait se pénètrent et s'enveloppent, les termes extrêmes se rejoignant par quelque biais fort simple. La pensée logique fait de l'abstrait, du mort, du fini avec ce qui vit, avec l'infini du réel. De là, ces contradictions inhérentes à la notion supra-logique de toute réalité vivante depuis le mouvement jusqu'à la liberté.

Proclamer que ce qui est et par suite devait être, ne peut causer ni déceptions, ni regrets, et est toujours ce qui pouvait arriver de mieux, à le bien considérer, et que des aspirations froissées par le heurt de la dure réalité ont tort, semble partir, objectera-t-on, d'un optimisme à outrance, poussé jusqu'à l'insensibilité, d'un esprit d'acceptation inerte du fait accompli. La réponse est facile. La réalité ne peut être en opposition avec nos aspirations que parce que celles-ci ne sont pas assez hautes. Comment notre imagination, en effet, pourrait-elle surpasser le réel, concevoir une perfection supérieure à la perfection réalisée dans l'ensemble? Or, nous sommes faits pour juger chaque chose, non pas seulement dans son rapport aux intérêts de notre éphémère individualité, mais dans son rapport à l'ensemble, ou tout au moins à l'ensemble le plus étendu que nous puissions embrasser ou seulement pressentir. Nous agissons ainsi couramment, faisant abstraction des limites dans le temps et l'espace de notre existence individuelle, terrestre, affirmant par là notre qualité d'être pensant. Et qu'on ne confonde pas la pensée, par laquelle nous nous relevons au-dessus des êtres et des choses, avec une sorte d'attitude spéculative, contemplative, expectante qui serait l'opposé de l'action. La pensée n'est qu'une forme de l'action, moins caduque, à plus longue portée, « éternelle comme l'âme », dit G. Flaubert, comparant les génies de l'art et de la science aux protagonistes de l'histoire et de la politique, « tandis que l'action, proprement dite, est mortelle comme le corps [1] ». Comme l'action au sens étroit du mot est caduque, le fait ne révèle pas non plus toute sa signification à ceux qui sont engagés tout entiers dans les préoccupations d'ordre matériel, et n'en voient par suite que les effets immédiats; il est pour eux brutal et non divin. Nullement exempt pour sa part des sentiments qui peuvent se trouver froissés par le fait, le penseur, sans récriminations vaines, le remet à son plan d'importance dans la série des événements ; s'il en tient compte, c'est comme d'un enseignement à porter plus haut et plus loin dans l'avenir ses aspirations. Viser plus haut, avoir des visées plus étendues, n'est pas d'ailleurs s'abstraire de la vie. Le point d'appui, le principe de vie, la raison d'existence de tout être moral ou de toute collectivité d'êtres moraux n'est-il pas extérieur à l'être, extérieur tout au moins à l'existence purement matérielle et aux intérêts qui s'y rapportent. Ce n'est que par la conception d'un idéal cherché au-dessus de l'homme que l'homme est vraiment homme, est vraiment une personne. Une nation de même, en outre de ses destinées purement matérielles, développe au cours de l'histoire un caractère moral, conformément à un idéal en vertu duquel elle tend à devenir ou à redevenir la société humaine par excellence; elle est nation surtout par son rôle entre les nations, par sa fonction dans l'humanité, et ses héros, ses grands hommes sont héros de l'humanité. Ayons des pensers universels, ayons pour nous et pour ce cercle d'hommes dont nous faisons partie, un idéal aussi haut qu'il est possible, et nous incorpore-

---

[1] G. Flaubert, *Corresp.*, 2ᵉ série, p. 178.

rons d'autant mieux à toute œuvre à laquelle nous mettrons la main, à cette société en laquelle nous vivons, à tout objet idéal ou réel de nos affections, quelque chose de cette force qui maintient l'univers et contre laquelle le temps ne peut rien.

V. — Existence possible d'un principe interne de beauté et d'une vie intérieure chez les êtres dénués de conscience. — Distinction entre la conscience et l'individualité.

Le beau a donc une réalité objective, et l'art, son corrélatif, n'est pas un vain mirage en dépit du caractère périssable des monuments qu'il édifie, éphémères comme l'homme, plus périssables assurément que les aspects de la nature inorganique, et qui tout au plus nous paraissent atteindre à une sorte d'éternité matérielle quand leurs vestiges massifs arrivent à se confondre avec le sol qui leur sert d'assise. Mais, ce n'est pas là qu'il faut regarder, ce n'est pas uniquement à ces manifestations purement extérieures et sensibles de l'art qu'il faut attacher notre attention. Il ne faut les considérer que comme les auxiliaires d'une disposition intérieure, traditionnelle, apprise, perfectionnée, en vertu de laquelle le réel se construit au dedans de notre esprit et sur la base de notre volonté. C'est cet état intérieur qui est l'essentiel. Tout va de l'âme pour revenir à l'âme. En tant que l'art est intérieur, en tant qu'il fait vivre l'univers au dedans de notre esprit et de notre âme, il n'est presque rien qui soit plus concret. Bien loin d'être quelque chose de factice, il nous apparaît comme nécessaire au même titre que l'esprit. Ni l'esprit, ni l'art, qui n'est que l'esprit s'appliquant avec amour à atteindre tout à la fois à une représentation du réel et à une action sur le réel, sur les bases de la race et de la société, ne sont des épiphénomènes, une manifestation de l'existence entre beaucoup d'autres, qui aurait pu ne pas se produire, en un mot, un effet du hasard. Ils nous apparaissent comme nécessaires, partie intégrante de la réalité universelle. L'art a évidemment une portée et une valeur supérieure à celle d'une dépendance et d'un cadre de la vie humaine. Par le génie, suivant Emerson, l'homme se dépasse lui-même en tant que conscience, en tant qu'individu, pour devenir l'humanité, un des moments de la vie de l'humanité ; il n'y a de grand que l'humanité. De même par l'art, l'humanité se dépasse en quelque sorte elle-même. Il n'y a d'art, au sens plein du mot, que la création, la vie inépuisable, et cette vie, cet art souverain dans la réalité sont en chaque chose et non pas seulement dans l'art humain. L'art humain évolue de la culture physique et morale de l'individu, que sa beauté et sa force rendent divin, à l'embellissement dans notre représentation, d'un univers dont la notion devient pour notre pensée de plus en plus riche en détails de mieux en mieux ordonnés, et auquel nous devenons aussi mieux adaptés. Or, dans son premier stade, tout au commencement, l'art n'est donc autre chose que la beauté de l'être individuel à l'état de vouloir, non réfléchie d'une conscience dans une autre, dans son ingénuité, en un mot, à l'état d'aspiration intérieure. Cette beauté et cet art naissant peuvent nous faire concevoir en quelle façon la beauté universelle du réel et l'art suprême de la création s'individualisent en l'être particulier. Ainsi, dans les êtres inférieurs à l'homme, cette beauté dont ils peuvent être revêtus, qui, au premier moment, nous semble n'exister que pour nous, et paraît s'ignorer, beauté du végétal par exemple, existe probablement à l'état d'aspiration intérieure, plus pure qu'une aspiration vers le paraître. Une bonne action a en quelque sorte son parfum, très différent d'elle et qui en retient néanmoins quelque chose. Inversement, ne se peut-il que, à la beauté visible de l'être particulier, corresponde une aspiration vers la beauté, une beauté intérieure, qui serait de l'art à l'état naissant? Pour comprendre le beau, il faut être beau soi-même, a-t-on dit, c'est-à-dire, sans doute, beau en esprit, intérieurement, par aspiration et par amour. A plus forte raison, une aspiration et un amour de ce genre sont-ils à la fois le ressort, l'envers intérieur de la beauté même inconsciente d'elle-même ; non moins inséparables du beau que l'art dont ils sont précisément une forme instinctive.

Mais, objectera-t-on, tout se fait mécaniquement dans la plante ; il n'y a en elle, et non plus chez l'animal, ni âme, ni aspiration vers un idéal, ni même amour de l'existence ; tout cela impliquerait une conscience. En vain chercherait-on à spiritualiser en aspiration vers un idéal la tendance qui pousse les plantes et leur fait tourner leurs parties les plus délicates vers la lumière, en aspirations diversifiées par une vie intérieure différente leur port si dissemblable dans une orientation unique, en vain interprèterait-on les nuances délicates et les parfums de leur corolle, véritable coupe de lumière, comme un mode d'expression, comme la traduction d'un sentiment, comme une réponse aux effluves bienfaisants de l'astre lointain. Mais l'explication mécaniste prouve trop, et une fois son principe admis exclusivement, est trop vraie pour qu'on ne se voie pas obligé d'en étendre les conséquences à l'être humain. Mais peut-être son principe peut-il être éludé ? D'une part, en effet, qu'est-ce que le mécanique, le matériel, qu'est-ce que l'existence purement corporelle ? Quelque chose que nous concevons surtout en opposition avec l'esprit et dont nous faisons ainsi une abstraction, ne cherchant pas assez à concevoir cette chose en elle-même. Ainsi, expérimentées en nous-mêmes, dans l'homme, l'animalité, la vie végétative sont surtout envisagées par nous comme des formes d'existence inférieures et matérielles, parce qu'en nous elles doivent rester subordonnées, et qu'en s'affirmant chez l'homme, elles seraient un empêchement à son essor vers une existence supérieure. Nous oublions que, prises en elles-mêmes et peut-être dans leur devenir biologique, elles ont leur épanouissement. A notre point de vue humain, il y a des formes d'existence qui constituent des fins vis-à-vis desquelles d'autres formes d'existence ont le caractère de moyens et ne sont que des pierres d'attente. La perfection que nous devons attribuer à la nature, nous oblige d'admettre qu'il ne peut en être ainsi en réalité, mais plutôt que chaque chose qui est et nous apparaît comme un moyen, est en même temps en elle-même une fin. Il y a dans l'univers, non pas moins, mais plus de finalité qu'on ne le croit généralement, et surtout des finalités d'un caractère moins abstrait que celles que nous prétendons y discerner ; et cette finalité plus universelle, plus complexe, nous l'appelons hasard. Il serait trop simple que les rapports de finalité (conformément à l'analogie qui s'établit pour notre esprit entre la finalité et l'utilité purement humaine) ne fussent pas convertibles. La complexité partout égale, ce fait significatif que la beauté n'est étrangère à aucune forme d'existence, nous avertissent que toute chose qui, à certains égards, nous apparaît comme subordonnée sans réciprocité à une autre chose, porte en elle-même aussi sa raison d'être, a son épanouissement propre et en un mot son idéal, sa liberté. — De même en histoire, chaque étape du développement ne se supprime pas dans le moment suivant auquel elle aboutit, elle a eu son existence propre et conserve sa valeur; disons plus : elle subsiste. — La nature de l'être matériel n'exclut pas la finalité par cela même qu'elle n'exclut pas le devenir. Mais, dira-t-on, elle exclut assurément la conscience. — Fixons à son tour le domaine de cette seconde notion. Bien loin que la conscience soit l'accompagnement de tous les actes humains, nous sommes machines en la plupart de nos actions[1], machines dont les ressorts reçoivent leur impulsion de circonstances extérieures très spéciales et locales, pressés et poussés ainsi que les êtres de nature toute matérielle par le milieu environnant de tout le poids des fatalités de l'univers. Que d'actions frivoles ou sérieuses sont commandées par le milieu ambiant de la même façon qu'il est commandé à l'arbuste de se couvrir de végétation. « Il faut », c'est le mot de la femme, — être dans lequel prime la vie spécifique, — relativement

---

[1] « Nous ne sommes qu'Empiriques dans les trois quarts de nos actions. » Leibniz, *Monad.* 28.

à cette nécessité de la parure ressentie à l'âge de l'épanouissement de la beauté ou au moment où l'éclat de la saison printanière l'invite à se couvrir de vêtements aux couleurs vives et riantes. Mot que la nature aussi semble prononcer obscurément dans son empressement à faire croître et pulluler toutes choses, et la plante, la fleur, dans leur hâte sérieuse à se parer aussi. Quoi de plus impersonnel que la mode ; comme tout ce qui est ingéniosité artistique, invention, application de connaissances techniques, s'y subordonne à un instinct qui nous apparaît capricieux et irraisonné, parce qu'il est loi naturelle, à un but dont on ne peut donner que des raisons frivoles, parce qu'en certaines matières comprendre, c'est reconnaître qu'il n'y a pas à essayer de comprendre. Chez la majorité des hommes et dans la plupart de leurs actions, la conscience reste à l'état de simple possibilité ; et combien de fois aussi, comme si elle était un élément non pas intégrant mais surajouté, semble-t-elle s'éliminer d'actes considérés en masse et dont le développement apparaît alors régi par un pur mécanisme. Elle est quelque chose de plus que le sentiment de l'existence individuelle avec lequel on la confond. L'existence individuelle (accompagnée peut-être de quelque obscur sentiment ou tendance) n'est que « le sujet ou la base [1] », suivant les expressions de Leibniz ; mais le sujet n'a conscience de soi qu'autant qu'il a conscience en même temps d'autre chose que soi, et s'en distingue. On ne peut avoir conscience sans sortir fictivement de soi, sans élargir son existence dans le temps et l'espace au delà

[1] Leibniz, *Monad* 48.

des limites de son individualité matérielle. La conscience est assurément un retour sur soi, mais précédé d'une expansion hors de soi. La réflexion philosophique avec Socrate ne va pas sans l'interrogation ; elle est une réflexion à deux. Bien plus, l'action de se voir, de se reconnaître existant, est inséparable de l'acte d'embrasser et d'affirmer l'universelle réalité. Ce qu'il y a de positif dans la conscience, ce n'est pas le point de vue particulier de l'être individuel, l'existence pour soi, mais la tendance, l'aptitude à refléter l'univers. De puissantes personnalités initiatrices, soit contemporaines, soit ayant laissé leur trace dans cette âme du genre humain faite de réminiscences quand elle se croit le plus spontanée, nous aident à voir clair en nous-mêmes, c'est en elles que nous prenons conscience de nous-mêmes ; notre conscience nous étant donc ainsi comme extérieure. Or, la conscience originale et vraiment typique de l'homme de génie n'est pas le repliement sur son individualité ; l'homme de génie donne une conscience non à soi, mais à tous ; il se fait l'un de nous, bien plus, il réalise en lui, pour en pénétrer le sens, cette vie intérieure que l'on peut attribuer aux choses, aux éléments, aux êtres différents de l'homme. L'humanité est tout entière représentée en lui, et avec l'humanité, enveloppées dans l'humanité, toutes les formes de l'existence matérielle pure, végétale, animale. La conscience humaine, en effet, ne leur est-elle pas, à ces formes d'existence, une conscience en un sens rigoureux ; puisque aussi bien le lien de la conscience à l'être est tout idéal. Dans la forme humaine (par delà l'expression infiniment diversifiée et complexe des sentiments, qui fait à chaque individu une physionomie si individuelle), on voit s'insérer et s'incorporer le jaillissement de la plante, les attitudes de passion, de force, de grâce, les souplesses et les agilités de l'animal ; les comparaisons du langage en témoignent. Que ces rapprochements n'aient d'autre valeur que celle de représentations métaphoriques, cela est contredit par les formelles analogies existant entre tous les êtres vivants. D'ailleurs, c'est dans la métaphore qu'éclatent souvent les rapports réels des choses, c'est dans la métaphore qu'est la vérité, du moins cette vérité supérieure de l'art. Or, cette ardeur intérieure de développement qu'a en nous la vie végétale ou animale, cette joie qu'elle porte avec elle, joie d'un développement heureux se traduisant en beauté, comment ne constituerait-elle pas au végétal et à l'animal, pris en eux-mêmes, une sorte de vie intérieure, dont les ressources nous échappent en partie, à nous chez qui ces deux formes d'existence doivent rester subordonnées, et au second plan. N'hésitons donc pas à attribuer au végétal, non moins qu'à l'animal, l'existence pour soi, et une certaine vie intérieure vague à défaut de conscience, le rêve indistinct à défaut de perception, des aspirations et du même coup quelque chose qui ressemble à une impressionnabilité lente, inséparable des effets extérieurs qui en sont comme l'expression ; il différera toujours de l'être conscient en ce qu'il n'est que lui-même, a une existence purement locale, et ne peut, par la pensée, se muer tour à tour en chaque chose, en chaque être, sortir de lui-même jusqu'à réfléchir le tout. — En somme, en réduisant le végétal à un mécanisme, nous sommes entraînés insensiblement à étendre ce mécanisme à l'animal et à l'homme ; mais (de même que la physique et la chimie ramenées à la mécanique réagissent sur la mécanique proprement dite et la font moins abstraite), du même coup ce mécanisme vu par nous du dedans se révèle comme une finalité interne, et ce caractère de finalité est étendu non moins nécessairement de l'homme à la vie du végétal. Le mouvement de l'esprit qui rattache le plus concret au plus abstrait, dans un but d'explication et de simplification, a pour correctif un mouvement inverse par lequel le concret réagit sur l'abstrait et le rapproche du réel. Quant à la conscience, elle est plutôt dans l'humanité que dans l'individu. C'est à elle que l'idée, cette monnaie d'échange entre les esprits, doit d'exister, d'avoir un sens, d'être un phénomène à part des autres phénomènes ; pour nous apparaître ensuite, il est vrai, dans l'individu et dans l'espèce, régie par la même loi d'évolution que les autres choses vivantes.

VI. — Opposition de l'existence universelle et multiple de l'homme et de l'existence presque purement locale de l'animal et de la plante — L'amour. — L'âme. — Conscience et connaissance.

Ainsi cette beauté dont sont susceptibles les êtres du règne végétal même, nous est le signe d'une destinée régie elle aussi par une sorte d'idéal, d'une vie intérieure et humble, qui, ainsi, n'est point ignorée, ayant sans le savoir sa beauté ; ainsi sommes-nous compris peut-être d'êtres qui nous sont supérieurs, dans nos aspirations à la perfection, qui impliquent une foi ayant pour récompense de ne pas rester incomprise.

Il y a donc à côté et au-dessous de l'homme des existences individuelles, des activités tendues vers un but, belles de cette aspiration et qui, chacune, ont leur prix, leur fin en elles-mêmes tout en s'employant les unes pour les autres ; et par là, la liberté est au cœur des choses, et non une nécessité vis-à-vis de laquelle les existences feraient seulement nombre. Mais dans la notion de l'être individuel, quelle instabilité ! Et comment en pourrait-il être autrement, à moins de se résigner à prendre pour type de l'être individuel l'atome inerte et stérile ? L'unité individuelle sera tantôt la cellule, tantôt le composé de cellules. Une colonie animale, à certains égards, se comporte comme un véritable individu ; un individu se résout en une colonie. Ne semble-t-il pas que l'animal, dans certaines espèces sinon dans toutes, ait à peine une existence individuelle, tant l'intelligence y prend un caractère social, collectif ou même spécifique. Peu s'en faut que la réalité de l'existence individuelle ne semble s'évanouir dans le genre, que le genre lui-même ne nous apparaisse que comme un épisode de l'existence du règne, et que le règne ne s'identifie pour nous avec la nature vivante, considérée dans une de ses manifestations. Moins indécises, apparaissent peut-être en l'homme, les limites de l'individualité réellement existante. L'individualité y semble plus réelle eu égard à l'espèce, en ce que les individus ne font pas seulement nombre. Ou si le genre prime l'individu, ce n'est pas en tant que tout naturel et biologique, source des êtres particuliers, mais en tant que les hommes le recréent moralement en constituant la société humaine, en se donnant pour idéal de faire prédominer les instincts qui unissent les hommes sur ceux qui ne tendent qu'à l'intérêt exclusif et à l'isolement de l'individu. L'individu, par ce qu'il a d'élevé, n'aspire qu'à s'absorber dans le tout social, mais ce tout social est l'œuvre créée et maintenue par les volontés individuelles, par la sienne propre. Dans l'humanité, l'individu est une personne, c'est-à-dire qu'il a sa raison d'être, son rôle dans la société humaine, laquelle a elle-même sa fonction dans l'univers. Par une vicissitude bien significative, dont l'antagonisme du réalisme et du nominalisme nous offre l'image, le réellement existant nous paraît tour à tour résider dans la personne et dans l'ensemble social dont elle fait partie, dans la volonté individuelle et dans le concert des volontés ; en effet, d'une part l'action d'un idéal sur les volontés, qui fait la puissance des instincts sociaux, n'a de sens que par l'hypothèse d'un être discontinu, collectif, s'élaborant entre les individus ; d'autre part, ce qui fait la réalité et la base de la société n'est-ce pas la volonté individuelle, se convainquant qu'elle ne compte qu'à condition de ne pas se prendre pour centre.

En somme, à la différence de ce qui a lieu dans le règne animal ou végétal, dans l'humanité l'individu s'ajoute aux autres individus et ne les répète pas purement et simplement ; d'où, la possibilité d'un progrès. Chacun des hommes, dans le passé et dans l'espace étend le champ de la vision et de l'expérience humaines, aide l'homme à embrasser l'univers. Locale et spécialisée est au contraire l'existence du végétal et de l'animal, limitée à un certain domaine. Cependant, pour être plus restreinte et systématiquement spéciale, cette représentation en forme de rêve qu'on peut attribuer au végétal et à l'animal, n'en implique pas moins la notion vague de quelque chose d'extérieur, et par là même quelque chose de plus que les simples opérations que l'on considère comme le thème à peu près immuable d'une activité toute spécifique. Cette représentation implique, dis-je, la notion vague de quelque chose d'extérieur dont l'existence peut se trouver soulignée par l'action plus marquée que cette chose exerce à un moment décisif de la vie. C'est en ce sens peut-être que le soleil ou même l'élément liquide, existent pour la plante, et que l'animal n'est peut-être pas inaccessible à l'impression d'une certaine beauté toute spécifique. — Mais l'homme semble avoir pour unique raison d'être, de pénétrer en tous sens et d'embrasser l'univers. Son ambition de prendre conscience des rapports qui l'unissent à l'ensemble des choses, ne le laisse pas se borner à prendre idéalement et matériellement possession de son domaine terrestre. Planer au haut du ciel, parmi les astres, était déjà dans l'antiquité gréco-latine la forme sous laquelle la philosophie concevait cette possession complète de la vérité suprême, qui est la fin véritablement digne d'un être dont toute la nature est de penser. De cet idéal éthéré, la tendance moderne à épuiser le détail des objets à connaître purement terrestres, comme soumis plus immédiatement à nos prises, dans lesquels d'ailleurs se révèle un autre infini, un infini en complexité et en profondeur, — ne nous éloigne qu'en apparence et provisoirement. Le fonds de l'être humain est spiritualité, tendance à embrasser l'universel. Ce que nous appelons conscience n'est que le don de sortir de nous-mêmes pour nous

9

faire, par une sorte de mimétique, cela même dont nous voulons pénétrer la nature. Ce pouvoir de pénétration, cette faculté sympathique de se mettre à la place d'autrui, principe de cet art typique qu'est l'art dramatique, la pensée le possède surtout pour les autres pensées. Comme les idées, objets de la pensée, s'enveloppent mutuellement, ainsi les esprits se pénètrent. Un autre esprit est pour nous une vie humaine et par là même un univers. Vivre plusieurs vies, tel est le rêve, l'aspiration de l'homme, et même ce que nous appelons une aspiration est peut-être une réalité, n'est autre chose que la conscience de cette pénétration mutuelle des esprits. Dans l'amour, en tant que supérieur chez l'homme à ce qu'il est chez l'animal, mais retenant néanmoins son fonds essentiel d'instinct spécifique, existe comme élément principal, cet attrait d'une vie autre que la nôtre, différente, d'une destinée dans laquelle nous pénétrons, avec laquelle nous confondons la nôtre, et par laquelle nous avons le sentiment de renouveler notre existence propre ; sentiment qui est certainement un écho affaibli, une répercussion dans la conscience de ce renouvellement physiologique par le croisement, salutaire à la vie de l'espèce. Un autre être, une autre vie que la nôtre, est pour nous le bonheur, quand à l'idée de cet être vient se joindre l'idée d'une fusion possible et désirable entre son existence et la nôtre. C'est là le sens de la beauté de l'être humain, — dont toute beauté n'est qu'une extension, — telle qu'elle s'incarne en particulier dans la femme. Par ce qu'il y a dans ses attributs physiques et moraux de spécifique, la rattachant en quelque sorte à la nature objective, par tout ce qu'implique de stabilité sociale son rôle familial, son caractère moral et ses instincts foncièrement conservateurs, — la femme nous représente en effet la vie même, et possède la beauté, inspire l'amour dans la mesure où elle nous la représente conformément à notre désir de bonheur, et, pour tout dire, d'une façon en quelque sorte unique. Comme cette beauté qui inspire l'amour est rappelée dans toute beauté, ainsi l'amour proprement dit, avec ses racines qui plongent dans l'instinct spécifique, est comme le point d'attache pris dans les bases physiologiques de la nature humaine, comme le germe fait de sympathie oblitérée et devenue machinale, de ce don psychologique et moral, principe de l'art et de la science, en vertu duquel, par cela seul que nous sommes en rapport et en intelligence avec nos semblables passés et présents, nous vivons en idée de leur vie, — en vertu duquel, selon qu'ils réagissent ou que nous réagissons sur eux, ils vivent et habitent en quelque sorte en nous, ou nous vivons en eux ; par là, l'humanité, ramifiée en une multitude d'existences particulières, se retrouve tout entière dans le cadre d'une vie individuelle. C'est comme entourage d'une existence différente de la nôtre que nous intéressent sans nous lasser les sites, les mœurs, les habitations des peuples anciens et modernes, barbares et civilisés, les plus divers. Nous ne sommes, nous et nos compatriotes, qu'un exemplaire de l'humanité, et nous aspirons à en compléter l'image en notre âme, au risque parfois d'être absents de notre temps et de notre pays. Plus psychologues, cette diversité que produit autour de nous l'entrecroisement des conditions, des caractères, des destinées, des milieux naturels et sociaux, nous paraîtra encore assez attachante, assez pleine de mystère, pour que nous oubliions de vivre pour notre compte, pris d'une curiosité mêlée d'amour pour le secret de tant d'existences voisines de la nôtre et si ignorées dans leur fond et même dans leur appareil extérieur. Inconsciente de son vrai but, cette curiosité des destinées et des cœurs, des sentiments et de leur geste, des âmes et de leur enveloppe, entre pour beaucoup dans le caractère inquiet, impatient de nouvelles expériences, du don Juan de Molière. Là, est pour lui le « charme inexplicable des inclinations naissantes[1]. » De même la nature, les divers éléments, ces autres mondes dont le héros de Molière souhaitait l'existence « afin d'y étendre ses conquêtes amoureuses[2] », les divers êtres de la nature, intéressent le savant par les conditions particulières d'existence et l'effort pour s'y adapter qu'ils induisent notre imagination à nous représenter. Mais c'est surtout à l'art[3] que la plupart des hommes doivent de se sentir vivre d'une existence à la fois complexe et multiple.

Or, ce don de s'exalter hors de son individualité, d'être où l'on n'est pas de corps, de s'unir en imagination et en sympathie à mille formes d'existences autres, d'agir où l'on n'est pas présent, c'est l'âme, dont le « sujet », suivant le mot de Leibniz, n'est que « la base ».

« Mon cœur, comme un oiseau, voltigeait tout joyeux
« Et planait librement à l'entour des cordages. »
(Baudelaire, C. XVI.)

---

[1] Molière, *Le festin de Pierre*, ac. I, sc. 2.
[2] *Ibid.*
[3] « Un livre n'a jamais été pour moi qu'une manière de vivre dans un milieu quelconque. » G. Flaubert, *Corresp.*

Ainsi notre pensée, notre âme ne peut mieux être conçue que comme un moi ailé qui se joue autour des choses et qui nous rend présents, par son activité voyageuse, le lointain, le passé, l'avenir. L'individualité n'est que le fait (résultant de la pluralité) d'exister à part des autres choses par lesquelles nous sommes limités au dehors et au dedans de nous, en un mot le fait de n'être pas tout, dans lequel est impliquée l'aspiration (qui se développera avec la conscience), à se compléter, à s'unir, à reconstituer pour sa part et sur la base du moi l'unité du réel.

La conscience nous tire de l'existence purement locale en quelque sorte (le matériel est le local comme le spirituel est l'universel); par elle nous nous rattachons à l'ensemble, nous nous voyons dans l'ensemble sans bornes, un ensemble dans lequel nous nous replaçons en tant qu'être individuel, et qui d'autre part (contradiction fondamentale du réel qui accuse la relativité de notre idée d'espace), est en nous, puisque nous le posons, ou tout au moins sommes, en tant qu'être pensant, l'organe par lequel il se pose. Et d'ailleurs, en nous étendant dans le réel par la pénétration d'existences très diverses, mais qui ne peuvent pas ne pas nous être parentes, nous ne faisons qu'approfondir les possibilités ou le passé spécifique de notre organisation physique et psychique; c'est là le sens de l'innéité des principes de notre connaissance. Conscience et connaissance ne font qu'un; et la connaissance, laquelle ne se contente pas d'être une pure théorie, mais se transforme en art, enveloppe, unit à une réflexion sur notre passé individuel et spécifique, une aspiration à greffer sur nos virtualités de nouveaux pouvoirs effectifs, presque des organes empruntés à des types d'existence souvent très éloignés du nôtre. Le but est un type d'existence réalisant plus parfaitement que tout autre l'adéquation entre tout l'homme et tout l'univers, au moins notre univers.

VII. — Finalité réciproque de l'homme et de l'univers. — Anthropomorphisme ancien et anthropomorphisme moderne. — La spontanéité et la réflexion. — Raisons du caractère esthétique inhérent au passé. — Caractère esthétique inhérent à ce qui est simple, typique, fondamental.

L'homme est une concentration de tout ce que la réalité déploie dans le temps et l'espace, un univers en raccourci (et cela peut s'appliquer aussi à l'art, qu'on le considère comme l'œuvre de l'homme, ou comme ce qui le façonne et fait de lui l'être éminemment social auquel rien n'est étranger); dans sa pensée ne fait que se réfléchir cette logique immanente au développement des choses. De son essor presque infini, l'âme ayant le corps pour point d'attache, parcourt le monde en tous sens et en recrée l'unité par une sorte de création continuée. L'homme n'est si divers, de plus en plus divers par l'effet de conditions de vie et de fonctions plus spéciales, dans ces organismes de plus en plus compliqués que sont les sociétés, — ou simplement d'une diversité qui apparaît mieux par la connaissance réciproque et l'arrivée au contact de races différentes et de types développés dans des conditions naturelles de vie différentes, — que pour mieux s'ajuster à la diversité des choses, qui se résout pour lui en diversité dans le mode d'existence.

Sous plusieurs formes, aux différentes époques du développement humain, se manifeste cette finalité réciproque entre l'homme et l'univers, cette unification de la vie sous toutes ses formes et de la vie humaine, unification possible puisqu'en l'homme est représentée d'avance toute existence et même cela qui le dépasse, l'infini, le divin. Dans l'antiquité règne la tendance anthropomorphique dans le mode de représentation des principes du monde matériel et moral, conjointement avec un idéal social de culture physique et morale de l'être humain; dans les temps modernes, un utilitarisme d'essence assez relevée, doublé de dilettantisme, qui réalise par la science et ses applications une prise de possession, une mise en valeur des perfections et des beautés de l'univers et même de son passé, cet univers étant considéré comme domaine propre de l'homme et carrière de son activité. Il y a là un anthropomorphisme d'un autre genre, différant du premier comme l'homme moderne diffère des anciens. Le moderne a l'esprit plus critique et porté aux abstractions; cette distinction entre l'apparence et le réel dont l'ignorance fut si salutaire aux artistes grecs, et l'écueil de leurs physiciens renonçant à expliquer les illusions des sens, lui est devenue toute naturelle; si machinale est chez lui la décomposition de chaque chose en ses éléments intellectuels et la recherche du pourquoi, qu'un entraînement en sens inverse lui devient nécessaire pour qu'il soit capable de voir simplement les choses dans leur vérité psychologique, telles qu'elles apparaissent aux sens, telles que les aperçoit l'œil ingénu de l'enfant. Non plus que les illusions des sens, ces illusions que crée le langage en appliquant à l'expression des phénomènes naturels encore mystérieux des notions ayant trait à des faits ou relations d'ordre purement humain, celles de personnalité, de sexe, de filiation, ne peuvent désormais être durables. Le classement logique qui s'opère instinctivement dans l'esprit d'un moderne entre ce qui est possible et ce qui ne l'est pas, et entre les divers degrés du possible, s'oppose à ce que ces représentations verbales, inconscientes de leur caractère métaphorique, s'épanouissent en histoires fabuleuses, assez vivantes dans la croyance traditionnelle pour que l'art plastique en vienne souligner et renforcer encore la réalité par des représentations parlant aux sens. L'imagination est moins libre de se donner carrière dans l'explication des faits naturels; elle n'est pas moins puissante, elle est seulement moins créatrice d'allégories; elle se porte d'un autre côté. On pourrait dire de l'homme antique et encore de nos jours du paysan, qui le reproduit à certains égards (et nous retrouvons ces deux sortes d'hommes au fond de nous-mêmes, en tant que nous nous rendons compte que le milieu naturel, les jours, les nuits, les saisons sont des données réelles quoique non toujours présentes à notre esprit, de notre existence dans le monde matériel), qu'il est plus objectif. Par sa façon de penser, de sentir, de concevoir, il se confond avec la nature, il vit avec elle. Elle ne se distingue pas pour lui de ce qu'il sent, et attentif aux changements du milieu ambiant que rien ne lui cache, il ne distingue pas les sentiments qui se succèdent en lui des aspects successifs quotidiens de la réalité. La tendance à personnifier les phénomènes naturels se double chez lui d'une passivité d'impressions par laquelle il semble rentrer lui-même dans la nature. L'anthropomorphisme du moderne, plus intellectuel, plus abstrait, consiste en ce qu'il enferme la nature dans son esprit comme un système, l'ayant rendue en quelque sorte perméable en tous sens à sa pensée ; les monuments extérieurs, les allégories de cet autre anthropomorphisme, ce sont toutes ces dispositions extérieures, tout ce matériel de la civilisation par lequel la nature s'humanise, devient habitable, accessible, compréhensible, et qui évoque l'idée qu'elle peut être parcourue facilement en tout sens ainsi que cette représentation qui en existe en notre pensée. Religieux et animiste est l'anthropomorphisme antique ; utilitaire et matérialiste semble être à première vue la tendance de l'anthropomorphisme moderne, qui en même temps qu'il ramène tout à l'homme, recompose l'homme idéalement avec les éléments de la nature matérielle, mieux connus, perçus en eux-mêmes, étudiés pour eux-mêmes.. Le caractère de cette tendance n'est cependant pas définitif ; car ce pouvoir même de l'homme sur la nature fait naître chez l'individu le désir de le concentrer en soi et de l'augmenter, exalte chez lui le désir d'une force qui le rende capable d'une vie assez diverse, assez étendue pour s'identifier par la pensée et par l'action à cet univers, qui se découvre toujours plus grand devant lui. Alors de divers côtés surgit cette idée que l'homme doit se grandir pour des destinées plus hautes, — et conjointement avec le culte des grands hommes, des représentants de l'humanité, le pressentiment d'une transformation dont nous n'avons nulle idée, d'une barrière à franchir aussi haute que de l'animalité à la vie consciente et qui se trouve franchie sans qu'on y pense, — d'un accroissement soudain en ses résultats, quoique préparé, donnant une signification réelle à notre conception du progrès.

L'homme, à mesure que son passé et son acquis s'étendent, simplifie par l'abstraction ce qu'il compliquait de mythologie ; à l'allégorie, succède la métaphore, qui n'a que la valeur d'un rapport correspondant à l'état de nos connaissances, — au mythe, la perception de la chose en elle-même dans sa matérialité, et même à la perception particulière, une sorte de perception plus étendue, qui nous fait discerner la loi d'une multitude de faits similaires. Mais, par un détour qui reconstitue le concret, voici que sur la base de ces relations d'un caractère abstrait et général, qui constituent la science, se dégage et s'édifie une conception de l'univers plus compréhensive, en corrélation avec un nouveau type humain plus compréhensif aussi. Quelle différence entre les poèmes d'Homère et le Faust de Goethe ! Quel chemin parcouru de ces sensations de vie directe à ces sensations d'histoire, de cette foi à un surnaturel dont les créations sont cependant si heureusement conciliables avec la réalité naturelle, à cette critique, à ce dilettantisme, à ce merveilleux d'un symbolisme voulu et précis, nécessaire expression d'une vue philosophique sur la vie et la science, et l'illusion des joies de la vie, — de cette spontanéité à cette réflexion qui joue à recréer la spontanéité !

La différence n'est pas cependant si grande, s'il est vrai que l'œuvre d'art n'est d'aucun temps, suivant une opinion très répandue, si le beau est universel et immuable. Nous éprouvons en effet, avec notre âme moderne, spontanément, mis en présence de certains spectacles : la mer par exemple, la vérité profonde, nécessaire, immuable, de certaines expressions magnifiquement simples du vieil Homère. Il est des choses dans la nature, tels les éléments, qui ne changent point, et à l'égard desquelles, malgré la différence des cultures et des milieux, l'homme éprouve partout la même impression, comme s'il y avait en ces matières une vérité psychologique, esthétique, immuable au même titre que la vérité scientifique. Il y a, dans la nature, des aspects, des éléments fondamentaux à l'occasion desquels se révèlent dans la nature humaine des sentiments d'un caractère fondamental aussi, et entre la nature et l'homme des relations typiques, thème de toute poésie.

L'homme moderne est plus conscient. La réflexion qui par essence est toujours réflexion simultanée sur les choses de la nature et l'homme, et partant la faculté critique, est plus développée chez lui. Elle est d'autant plus développée chez l'individu qu'elle est réflexion en commun, qu'elle a pour base l'unité de l'esprit humain sensible dans l'unité de la science. Mais la réflexion, qu'est-elle autre chose que l'avant-coureur d'un retour à la spontanéité? L'exaltation artistique par laquelle nous essayons de nous dégager de conditions trop particulières de vision et d'existence, pour n'être qu'hommes, vise précisément à nous faire retrouver la prime spontanéité de l'être humain. P. Bourget a exprimé quelque part cette idée que l'état de passion abolissant les préjugés, les conventions, l'acquis social pour faire reparaître les instincts spécifiques, ramène en quelque sorte l'être humain à la nudité primitive de l'être naturel. Et de même, c'est aussi dans le passé que l'art nous habitue à chercher le simple et le naturel. Il y a là assurément une part d'illusion : le passé lointain nous semble tout près de l'acte créateur initial ; tout ce qui a suivi nous semble y exister comme en sa source. De plus l'art, cette œuvre de lentes préparations, par l'hérédité et la tradition, ne draine pas le passé sans le poétiser. Le passé a, en outre pour lui, la détermination, le caractère d'œuvre achevée. Tandis que nous dégageons péniblement l'idéal par lequel notre époque plus tard se définira, — par un effet de perspective qui abrège une suite de siècles, les époques antérieures nous apparaissent avec leur idéal propre, leur civilisation, leur art, se déduisant nettement des conditions d'existence en vigueur, et du développement atteint, comme si elles n'eussent pas connu de tâtonnements. En fait d'ailleurs, la complication de la vie et de la civilisation est moins grande aux époques primitives, et moins long aussi, moins détourné le circuit par lequel les arts se relient à la vie, et plus apparent le rapport des uns à l'autre. Plus on remonte dans le passé, plus ressort étroite l'union de l'art et de l'action, de l'art et de la vie ; c'est au point que la matière de l'art tout à l'origine, nous l'avons vu, est simplement l'individu vivant dans ses fonctions les plus essentielles, parole, mimique, attitude, mouvement et dans l'action qu'il exerce par ces divers moyens sur les autres hommes. Au regard de cette forme de l'art qui se confond avec une forme de l'existence, celle qui lui succède beaucoup plus tard, l'art qui modèle des matériaux inorganiques, apparaît déjà comme une vie figée à qui n'a pas appris à saisir les rapports qui unissent l'art et la vie. Mais combien trop particuliers, trop spéciaux, trop peu explicites par eux-mêmes sont les actions et les objets parmi lesquels se meut la vie d'un civilisé, d'un moderne. La hiérarchie entre l'accessoire et l'essentiel cesse d'être visible, ou, tout au moins, devient plus difficilement visible. Nous nous reportons donc en pensée, dans notre recherche d'une image synthétique de la vie humaine, vers cette existence primitive dont le caractère est la simplicité, dans laquelle les actes et les objets n'ont rien d'abstrait, sont significatifs par eux-mêmes, se rapportant d'une façon évidente à des fins d'un caractère fondamental, ou tout au moins vers une époque du passé dans laquelle, à distance, l'art apparaît comme l'épanouissement de la vie même. Dans cette image de la vie préhistorique que nous offrent les poèmes homériques, par exemple, la trame est formée par le retour d'actions et d'occupations simples, typiques, aussi essentielles que les impressions reçues des faits de la nature sont foncièrement vraies ; actions simples, mais non pour cela prosaïques ainsi qu'en pourrait juger un moderne, divines et sacrées plutôt, parce qu'elles font apparaître quelque loi fondamentale que ne masquent pas les sentiments d'origine différente agglomérés autour de l'acte essentiel. Comme le paysan resté plus près de la nature rompt le pain avec un recueillement en quelque sorte pieux, ainsi chez les personnages homériques, l'émerveillement semble toujours nouveau de ce réconfort divin qu'apportent au corps lassé la nourriture et le sommeil. Ils appellent sacrifices aux dieux les repas gargantuesques par lesquels ils solennisent un acte de la vie sociale ; mais le rite social et religieux n'a pas seulement la portée d'un pur symbole ; le sens littéral de l'acte reste vivace pour ces êtres imbus d'un robuste naturalisme, et pour lesquels, en même temps, les phénomènes physiques, même familiers, se rapportant directement à l'existence humaine matérielle, contiennent tant d'inexpliqué. Dans toutes ces choses du monde physique ou moral, indifféremment, auxquelles ils appliquent la qualification de divines, leur perception neuve encore, savoure une douceur et une perfection de l'existence, et en même temps leur intuition du réel pressent des principes et des lois qui régissent la vie humaine en même façon que la dominent les phénomènes du ciel, par les subdivisions naturelles du temps qui en procèdent, et sur lesquelles la succession des occupations des hommes se règle. La réalité des phénomènes du monde physique notamment, d'ailleurs divinisés, est vraiment sentie directement sans l'interposition de symboles moraux. Elle ne s'est pas encore résolue en abstractions telles que le temps, devenu pure catégorie de l'esprit, qui ne retient de ces phénomènes que ce qui est uniformité et succession.

VIII. — Le simple et le naturel, dont une certaine image nous plaît dans les représentations de la vie du passé, sont en même temps, dans tous les ordres, l'objet de nos aspirations d'avenir.

Mais qui peut jouir de cette simplicité dans l'appareil de l'existence, dont le spectacle nous est offert par les époques primitives? Ce n'est pas assurément le contemporain de ces âges éloignés; on n'est pas poétique, on n'est pas pittoresque pour soi-même. Ce qui dans le recul du passé s'assemble et s'harmonise, dans ce présent dont chacun de nous occupe un si petite parcelle, apparaît dispersé et d'une complication sans symétrie. Dans ses légendes, l'homme des époques primitives s'essaie aussi à remonter le cours du passé, ou mieux, le cours des associations d'idées qui s'amalgament dans ses conceptions traditionnelles. Et à son tour, l'œuvre d'un Homère est déjà la commémoration d'un passé qui s'estompe et s'idéalise dans l'éloignement. D'ailleurs, l'intérêt de nature esthétique, qui nous a paru s'attacher au simple, ne réside pas dans la simplicité en tant qu'inhérente à la vie primitive, mais dans le caractère typique, général, essentiel et clair de ce qui est simple et s'oppose au trop particulier, au contingent, au relatif et au trop spécial. Le simple, en un mot, est aussi le naturel. Ce qui est vrai d'une vérité poétique ou littéraire a précisément l'évidence du simple et du naturel. Kant dit que le beau plaît universellement. On pourrait donner à cette pensée toute sa portée en insistant sur ce point, que l'œuvre d'art belle tend à être intelligible universellement, bien plus, tend sans jamais l'atteindre à cette sorte de vérité objective et d'existence non factice que possèdent les objets et les êtres dans la nature, en un mot, aspire à rentrer dans l'ordre naturel comme partie intégrante. L'universalité à laquelle elle tend dans le monde des esprits n'est qu'une ébauche de son aspiration à cette autre universalité : être partie intégrante de l'univers réel ; être rationnelle en un sens très profond, jusqu'à ce point où le rationnel se confond avec le naturel, peut-être transformé, avec le réel. Une telle aspiration pourrait n'être pas vaine. Il est possible que le progrès, lequel n'apparaît effectif et indiscutable qu'entre des états radicalement séparés, tels l'animalité et la vie de l'être pensant, soit fait de longues préparations ayant pour dénouement un miraculeux changement à vue, l'apparition d'un nouvel ordre de choses, là même où une impossibilité reconnue nous barrait l'horizon. Dans l'appareil d'une civilisation industrielle, combien de mécanismes encombrants destinés à se supprimer d'eux-mêmes et à être remplacés par d'autres mécanismes ou dispositions exempts de complication, ne tranchant pas avec le milieu naturel, suggérant par leur forme significative leur destination, et en même temps ne rompant pas cette continuité de la nature que notre imagination veut intacte, notre imagination qui reflète les aspirations de l'être végétatif et sensitif qui, en nous précisément, est partie de la nature. Dans le progrès des arts relatifs à la vie pratique, on va aussi vers le simple qui est en même temps le naturel, qui se confond avec l'intuition des lois fondamentales physiques et sociales. Toujours dans la science, une théorie vraie nous apparaît comme étant plus simple, comme mettant plus d'unité et de continuité, comme plus logique et plus naturelle à la fois, ramenant le phénomène à expliquer ou à produire à un effet familier à nos sens, en même temps qu'elle étend l'idée que nous nous formions de ce qui est naturel. Et le progrès social est aussi un progrès vers l'unité, une simplification de rapports.

Le fonds du sentiment esthétique est une sorte d'émulation, une exaltation de nos facultés créatrices et volontaires, qui peut se porter vers un ordre de faits tout différents de ceux à l'occasion desquels elle est née. Moyennant un certain recul, telle période du passé revêt à nos yeux un caractère de beauté, et en même temps, nous faisant envisager l'état présent non comme foncièrement imparfait, mais comme inachevé, comme contenant beaucoup de provisoire, nous excite à contribuer à l'acheminer vers une complète réalisation, à le parfaire, en empruntant en pensée pour cette réalisation une portion de l'avenir. L'infériorité esthétique du présent par rapport au passé nous avertit surtout d'un état d'inachèvement, et transforme en aspiration d'avenir la contemplation et l'admiration du passé. De là un effort qui, en nous faisant étendre nos pensées dans le temps futur, élargit le présent, élargit notre cercle d'action propre, élargit l'horizon de notre époque, multiplie les rapports entre les divers éléments de cet ensemble que nous aspirons à constituer pour notre part, et fait se pénétrer dans une action commune les vies d'homme successives sur lesquelles s'édifie l'époque dans laquelle, ou pour la préparation de laquelle nous aurons nous-mêmes vécu. D'autre part d'ailleurs, le passé nous plaît par sa conformité avec un certain idéal qui, malgré les apparences, ne tend pas à nous ramener en arrière, mais a bien le caractère d'une aspiration d'avenir. Le passé nous offre l'image du simple, du naturel, du spontané. Mais nous tendons aussi dans le futur vers ce simple, ce naturel, ce spontané, soit en littérature, soit en art, soit en morale, soit par la science, et nous n'abdiquerions aucune acquisition intellectuelle ou morale ou sociale pour retourner en arrière, vers cette simplicité plus grossière des âges primitifs. Sous les rêveries d'un âge d'or, d'un état de nature où l'homme était plus heureux et plus parfait, il n'y a que l'idée philosophique et esthétique de la spontanéité, du naturel posés comme idéal, idée maniée sous une forme symbolique par des littérateurs et des rhéteurs. Mais ce retour à la spontanéité que l'homme doit effectuer toutes les fois qu'il a accompli une étape nouvelle de son développement, n'est nullement un retour en arrière, il est tout simplement, après chaque phase importante du progrès, l'équilibre retrouvé entre la vie humaine modifiée et l'ordre naturel; il correspond dans les arts, dans la vie sociale et dans la morale à la sincérité, à la vérité et à la force du sentiment, à un certain tempérament entre la rudesse, la rusticité, la brutalité d'une part, et d'autre part, la manière, l'affectation, les sentiments factices, la servile imitation, le convenu. Quant à l'état de nature pris au sens littéral, à moins qu'il ne soit identique à l'animalité, il n'y a là qu'une conception chimérique, puisqu'il n'a évidemment pu être préconisé qu'à une époque où le développement des sciences, des arts pratiques, véritables instruments de domination de la civilisation et des sociétés, avait déjà institué entre l'homme et la nature non moins qu'entre l'homme et l'homme, une trêve durable, une sorte de paix armée, un pacte cimenté par la connaissance de ces lois des phénomènes naturels que Lucrèce appelle d'ailleurs « *fœdera* » par une curieuse coïncidence.

IX. — Signification de l'association de l'idée du passé à nos aspirations vers l'avenir : le passé est le support de notre existence dans le présent et dans le futur.

Mais cette association aux aspirations d'avenir de l'homme, de l'idée du passé, ce retour en arrière seulement en pensée a sa signification. Il compense ce que la conception d'un développement en forme de progrès aurait de peu philosophique, de par trop finaliste au sens étroit du mot, en faisant se supprimer chaque moment antérieur du développement humain comme un simple acheminement, dans le moment terminal. Nous y trouvons le témoignage implicite d'un effort pour ne rien abdiquer des origines au même moment où l'on prévoit les plus rapides transformations, — pour ne pas perdre pied, pour rester en communication avec les types les plus reculés de notre race et de nos sociétés, — par un besoin de se retrouver le même à travers les âges, d'être assuré de son identité, de cette immuabilité biologique et psychologique du type qui se reflète dans les œuvres littéraires dont les peintures sont empreintes d'un caractère d'éternelle vérité. Le passé n'est pas chose simplement abolie. Il revit en nous, est mêlé à notre vie, renaît dans chacun des traits de notre organisation, lesquels ne se comprennent qu'acquis et agglomérés par des perfectionnements successifs. Il y a plus. Combien dans ce passé de possibilités avortées, éliminées par là même d'un développement unilinéaire en lequel l'histoire nous montre dans les faits et les états du monde qui se sont succédé, surtout la préparation de ce qui est venu après, alors qu'ils ont existé pour eux-mêmes, ayant eu leur beauté et leur perfection propre, ayant été dans le temps des manifestations de nature, dont nous ne pouvons pas plus nous désintéresser, que nous ne pouvons demeurer volontairement étrangers à tel ou tel aspect de l'univers actuel. Tout cela non seulement a existé, mais existe, soit que par une schématisation du temps en espace, certaines conditions locales d'existence évoquent invinciblement comme par une sorte d'archaïsme un type d'existence appartenant au passé, soit que sciemment ou non, d'incessantes restaurations renouent avec la vie, avec le présent, avec l'avenir, non point seulement le passé le plus immédiat, mais un quelconque des moments du passé qui ainsi n'a pas fini de développer ses virtualités.

Parmi les monuments du passé, plus que tout, les monuments de l'art nous font comprendre la signification que nous devons attacher à ce mot : le passé. Biologiquement, si l'art est l'image de la vie humaine, ses œuvres nous représentent, dans le développement social, sentimental, intellectuel, moral de la race, les limites atteintes, gardées ou reculées. Elles sont le concomitant objectif de chaque raffinement d'intellect ou de sensibilité morale obtenu, qui vient s'y condenser. Mais en même temps elles ont quelque chose de complet, de supérieur au temps; il y a en elles des anticipations, des divinations de l'avenir, de la beauté qui ne se révèle pas toute en une fois et ne s'épuise pas, des virtualités en un mot. Comment n'en serait-il pas ainsi ? L'infini des aspirations de l'homme s'y reflète, puisqu'elles sont son œuvre, et aussi cette même nature que nous contemplons aujourd'hui, avec son infinie complexité. Contrairement à l'idée d'un progrès qui frapperait d'infériorité les époques antérieures, les diverses conceptions artistiques des civilisations qui se sont succédé dans le temps, se font au contraire valoir mutuellement, et même encore se supposent, se sous-entendent réciproquement, se complètent. Dans le paysage moderne, l'imagination sous-entend la vision des mythologies antiques ; et notre naturalisme d'autre part, dans une époque où le don de l'allégorie plastique est oblitéré, nous rend plus intelligibles et moins conventionnelles les allégories de l'art et de la mythologie antique. De là aussi dans l'art ces restaurations presque régulières, cette imitation du passé, à intervalles marqués, ces régénérations de principes artistiques tombés une première fois en désuétude, mais dont la vertu n'était cependant pas épuisée.

Mais le passé, ce passé qui s'accroît de chaque heure écoulée, n'est-il pas pour l'individu, et pour une race et pour l'humanité, le support même de leur existence ? Nous n'avons conscience que du passé ; nous n'avons conscience de chacun de nos états qu'au fur et à mesure qu'il tombe dans le passé, et c'est même en ce sens que le moi peut être dit ne se composer que de la suite de nos états antérieurs. Le souvenir, c'est bien là ce qui fait l'homme, la personne ; le souvenir, c'est-à-dire le fait de remonter à ses origines, de recréer le temps écoulé. La prévision sereine procède de l'expérience, et nos aspirations vers l'avenir ne sont vraiment l'expression d'une personnalité sûre d'elle-même, qu'autant que nous nous sommes ressaisis par un retour sur nous-mêmes qui en réveille les impressions les plus anciennes. L'histoire de même, prompte à apparaître dès que se trouvent réunies les conditions d'existence d'une nationalité, en est l'affirmation ; elle interrogera le passé le plus lointain comme pour établir toutes les prémisses du développement futur du peuple dont elle a proclamé l'avènement à l'existence. Et l'humanité a la science qui est en quelque sorte une histoire de l'homme avant l'homme, de la vie avant la vie, une description de toutes les formes d'existence qui composent et peuplent cette nature qui est son habitacle, et que l'homme retrouve au dedans de lui comme composantes de son existence, qu'il retrouve en approfondissant son passé biologique comme antécédents de la race humaine et de la vie.

X. — Caractère esthétique inhérent au passé en opposition avec le caractère inhérent aux idées d'avenir et de progrès, notions plus vagues. — Élément positif de cette notion de progrès par lequel elle devient précise et concrète.

Nous sommes donc attachés au passé comme à notre existence, et cette existence n'est pas seulement individuelle, car l'homme sait merveilleusement (et c'est là sa grandeur) identifier sa destinée, tour à tour à celle d'un de ces ensembles de plus en plus étendus dont il forme une partie intégrante. Le vague de l'avenir ne se présente pas à nous avec le même caractère esthétique que le vague du passé ; c'est, en faveur du passé, la supériorité de l'œuvre solide entièrement construite et achevée, ennuagée d'un crépuscule d'oubli qui l'idéalise, sur ce qui n'existe pas encore, sur ce qui ne s'est pas encore révélé ; car nous prêtons au futur une existence toute fictive et abstraite, lui attribuant un contenu qui procède de conceptions toutes subjectives et hypothétiques de notre esprit. Même à une époque dite de progrès, c'est-à-dire de changements rapides dans les conditions d'existence particulières, l'idée de progrès s'associant à notre représentation de l'avenir n'apparaît pas à l'esprit comme contenant un élément de poésie, comme possédant un caractère esthétique. Pourquoi ? Est-ce parce que le progrès ne nous semble pouvoir se produire sans une méconnaissance, du moins partielle, de ce que le passé contenait d'avantageux, de durable, de viable, comme impliquant une destruction toujours quelque peu aléatoire d'arrangements existants, et pouvant s'étendre au delà des limites qu'on a cru lui assigner? Précisément, mais cette raison n'est pas la seule. Serait-ce que le progrès se manifeste principalement à nous dans le présent avec un aspect utilitaire, et en même temps comme progrès scientifique, reporte la poésie et la beauté sur ces choses mêmes déjà existantes qu'il nous amène à mieux comprendre, mais qu'il ne crée pas? Cela aussi est exact, mais il y a encore autre chose, une autre raison plus importante du fait que nous signalons, c'est le vague de cette notion de progrès (sauf en ce qui concerne le progrès scientifique), qui implique une anticipation de l'avenir, l'idée d'un but ignoré, peut-être n'existant pas, d'une démarche dont la signification flotte entre l'idée d'un accroissement de vérité, d'un accroissement de bien-être, d'une limite vers laquelle nous tendons, limite imposée au développement humain par les lois infrangibles de la nature, d'un but à atteindre, qui sans doute ne pourrait être atteint qu'en devenant un point d'arrêt, une fin dans le sens d'une terminaison de la destinée de l'homme. Le progrès, conception trop humaine, puisque même elle se contredit, participe du vague inhérent à la notion d'avenir. Même un peuple nouveau, un peuple en marche, dont toute l'existence tient encore en quelque sorte dans cet avenir dont il prend possession en idée, s'affirme lui-même en se donnant dans le passé des' antécédents ethniques, intellectuels, géographiques, en se posant comme héritier et rejeton d'une certaine race d'un caractère bien déterminé, comme représentant et continuateur d'une certaine culture qui n'est pas l'apanage de telle ou telle race particulière, — en se rattachant même à une race dont il ne descend pas, pour cette raison qu'il l'a remplacée sur un sol et sous un climat dont l'influence lui façonne une sorte de parenté avec ceux-là même qu'il a éliminés.

Gardons-nous de toute méprise. Il n'est pas question de préconiser l'immobilité par opposition au progrès. Le progrès est plus qu'un fait, il est une obligation. L'accroissement incessant est une loi pour tout ce qui vit. Le plus être est la condition de la simple persistance dans l'être. Là est l'élément positif de la notion du progrès qui est loin de s'unir nécessairement à une attitude de contempteur à l'égard de ce qui est du passé. C'est au contraire dans le passé qui n'est que le fonds même de notre être, que l'on se ressaisit, que l'on prend une pleine conscience de soi, de ses pouvoirs, avant de créer du nouveau, avant d'ajouter à ce qui est. Là est en quelque sorte le centre de gravité.

Vague, inconsciente et contradictoire est la notion du progrès quand on la pose comme but. Claire et ne pouvant comporter aucune négation injuste, se conciliant avec le respect de ce qui est, quand on le pose comme une nécessité, comme une obligation dictée en conséquence de cet objet des aspirations de tout ce qui existe : durer, persister dans l'être. Le but étant tel, il en découle tout naturellement que, transformer ce qui est, tirer parti de ce qui est, quand il s'agit par exemple d'institutions, sera préférable à faire table rase pour tout reconstruire. Greffons ce que nous voulons instituer, faire durer, sur ce qui a fait ses preuves de durée. La nature réalise la perpétuité des races vivantes par un rajeunissement périodique. De même en matière de principes sociaux ou politiques, de théories philosophiques, de dogmes, changer la forme extérieure est le plus souvent inefficace, offre beaucoup de difficulté pour peu de résultat. Mais on montre un vrai sentiment de la réalité vivante, quand on infuse aux formes traditionnelles un contenu nouveau, un esprit ; bien plus, on agit dans le sens du réel, car la permanence des formes est subordonnée au renouvellement constant de leur contenu. Vivre c'est se renouveler. Malgré une apparence de fixité qui semble n'être que repos, ce n'est pas par l'inertie, mais par l'activité industrieuse que ce qui est se maintient et se conserve. Fixité au milieu de tout ce qui change sous-entend travail d'adaptation incessant. Pour ne parler que des dogmes, leur sens si prompt à tomber en désuétude ne doit-il pas continuellement à chaque moment du temps être fixé à nouveau, être retrouvé, afin que la lettre ne tue pas l'esprit.

XI. — Le passé est, pour l'homme, ce qui est d'une façon durable, et en même temps, la source de ce qui sera. — Pourquoi l'homme s'efforce de se rattacher par la pensée à tout ce qui est et a été. — Éternité et immortalité.

L'étendue du passé est nécessaire au développement pour la conscience, de la vraie nature de ce qui est, et que nous devons vouloir se développer dans l'avenir, en ce qui dépend de nous, conformément à sa nature. Quand nous parlons de ce qui est, il ne saurait être question du présent immédiat, à moins que l'on ne se place au point de vue d'une existence enfermée uniquement en elle-même et dans l'instant présent, et d'ailleurs incapable d'éprouver le sentiment de son identité, étant absorbée tour à tour en chacun de ses états. Si nous nous plaçons au contraire au point de vue d'un être dont les pensers tendent à l'universel, — à l'égard de cette pensée visant à s'identifier avec l'absolu, — la réalité exige pour se manifester tout un développement antérieur par lequel elle se fait connaître à nous, développement s'étendant aussi loin que possible dans le passé. Du reste, l'idée d'une évolution dans tous les ordres, dans les formes d'existence et dans les institutions sociales fait naître à propos de chacun des objets du milieu naturel qui nous entourent les questions d'origine, et nous rend constamment présents les stades nécessaires d'un développement successif que l'on ne peut concevoir qu'en remontant au passé le plus lointain. Non seulement dans les cités, mais encore surtout dans la nature, nous vivons parmi les monuments d'âges anciens.

En somme, tout ce qui sera jamais a sa source dans l'univers existant. De là cette volonté chez l'homme de tout embrasser, de tout comprendre, de ne demeurer étranger à rien. Or, le présent n'est rien. Et comment connaître ce qui est, dans sa nature, c'est-à-dire dans sa vie, ou en tant que se rattachant à l'ensemble, sans connaître ce qui fut; plus une chose tient de place dans les choses existantes, plus elle en tient aussi dans le temps écoulé. De là cette crainte de laisser périr la mémoire d'aucune particularité des choses passées, cette joie à les faire revivre, cette investigation ardente, cette anxiété de ne pouvoir embrasser tout ce qui a été.

Mais pourquoi chez l'homme cette ardeur à embrasser par la pensée et la connaissance tout ce qui est et par là même tout ce qui a été? C'est que chez l'homme la persistance dans l'être prend une forme différente de celle qu'elle a chez les autres êtres. Tel qu'il se représente lui-même dans les oppositions de ses systèmes philosophiques, pessimistes ou optimistes, mécanistes ou finalistes, l'homme tour à tour craint d'être dans l'univers, lui, l'être pensant, une sorte d'épiphénomène, un produit du hasard, un être dont la destinée peut être bornée arbitrairement par le caprice d'une aveugle et indifférente nature, — et désire tout en l'espérant, que la pensée et son aliment naturel, l'ordre, dont le bien, idéal de la volonté, est une forme, soient des éléments fondamentaux et essentiels de l'univers. En un mot, il possède cette particularité entre tous les êtres de se préoccuper de sa destinée, ou, ce qui revient au même, de la place exacte qu'il tient dans l'univers. Il semble qu'il ait l'espoir instinctif, — en se rattachant autant que les limites de ses facultés le permettent à tout ce qui est et fut, — d'être de ce qui sera. Une pensée qui ne serait demeurée étrangère à rien de ce qui compose le tout (idéal dont l'homme essaye de se rapprocher), ne participerait-elle pas de l'éternité de son objet, de l'éternité du tout ? Mais l'homme n'est pas que pensée, et d'ailleurs la pensée elle-même n'implique-t-elle pas pour exister et se manifester certains arrangements matériels, physiologiques ou sociaux durables. Comme dit Lucrèce (V, 131) :

« *Certum ac dispositumst ubi quicquid crescat et insit,*
« *Sic animi natura.....* »

Ainsi cette éternité qui semble l'attribut de la pensée, élément distinctif de l'homme, est comme une limite idéale et inaccessible qui formerait notre horizon ; par sa contemplation nous sommes excités à épurer notre âme d'aspirations trop terrestres et caduques. Comme l'idée de pensée pure d'ailleurs, cette notion d'éternité a quelque chose d'abstrait. Elle est et doit rester le terme d'une dialectique. Elle est une cime dont nous ne pouvons apprécier la hauteur lorsqu'elle se présente à nous isolée et inaccessible. Sa sublimité nous apparaît mieux (et en même temps la signification profonde de cette notion), quand nous la contemplons d'un autre côté où des sommets moins élevés nous servent de gradins pour monter jusqu'à elle ; ces sommets intermédiaires, ces moments nécessaires de la dialectique qui nous élève à cette notion, ce sont les idées d'immortalité personnelle et spécifique. La preuve en est que l'idée de vie éternelle, conception plutôt morale que métaphysique, n'a pu devenir une conception religieuse et populaire sans se retraduire aussitôt, ainsi que Tolstoï le fait remarquer[1], en conception d'une vie future, d'une immortalité personnelle, d'un prolongement de l'existence terrestre par delà la mort.

L'homme, avant tout, veut durer, personnellement, collectivement, et dans ses œuvres; en tant que personne, en tant que nation, en tant que race, en tant que genre humain, il s'inquiète de ses chances de durée. Il veut durer afin d'exister pleinement, une carrière infinie étant offerte dans cet univers à ses facultés de connaissance et d'action ; et dans cet infini de possibilités qui nous semblent réservées, pressenti au cours de la vie actuelle, les philosophes ont cru voir une promesse d'immortalité ; mais est-ce à l'individu, est-ce à l'humanité qu'elle est promise ? Que suis-je en face de cette nature, se dit l'homme d'autre part, combien peu de chose? Il s'exagère même l'antithèse qui lui paraît exister entre la vie humaine et la nature jusqu'à se représenter la première comme une création factice que l'homme s'épuise à maintenir contre l'action perpétuellement hostile des forces du milieu extérieur. L'art, par des créations durables matériellement et idéalement, lui procure par intermittences le sentiment d'une trêve, d'un apaisement, d'un accord survenu entre la nature et lui. Mais (et c'est à cette idée

---

[1] Tolstoï, *Ma religion*. — Tolstoï, *La vie*.

que le conduit maintenant le mouvement de sa pensée) cette immortalité, cette durée qu'il recherche pour lui, qu'il veut ardemment, ne la trouve-t-il pas précisément dans les œuvres, ne travaille-t-il pas à la réaliser? Et comment d'ailleurs une chose serait-elle sans avoir été voulue? Le vouloir, la conviction, voilà sans doute le principe de toute existence et de toute loi, de tout ce qui est donné. Rien n'est que ce qui mérite à quelque titre d'exister. Pourquoi donc l'immortalité serait-elle *donnée* à l'homme; se pourrait-il qu'il ne fût pas lui-même l'artisan de son immortalité?

XII. — Dialectique ascendante de l'idée d'immortalité personnelle à l'idée d'éternité. — L'individu et la famille.

Si l'on se place uniquement au point de vue biologique, il est trop évident que, non seulement l'individu n'est pas immortel, mais même l'espèce a des bornes dans le temps; seule la vie universelle est immortelle. La nature elle-même peut être bouleversée et périr, quelque chose demeure et vit éternellement qui devient toujours autre chose. Mais il ne faut pas confondre la nature, notre nature ignorante de l'homme, avec l'univers « *summa summarum* »[1], dont la pensée et implicitement l'être pensant pourrait être un des éléments essentiels.

A côté du laboureur, laboure invisible et présent, l'anonyme inventeur de la charrue, dit Emerson. N'est-ce pas là l'immortalité, l'immortalité des œuvres, l'im-

[1] Lucrèce.

mortalité du génie par laquelle l'homme peut agir encore longtemps après que son corps s'est décomposé[1], l'immortalité dans l'humanité? — Oui, mais ce n'est pas l'immortalité personnelle et consciente d'elle-même.

Mais ce vœu d'immortalité personnelle, peut-être n'enveloppe-t-il une aspiration raisonnable et légitime que mêlé à d'autres vœux que nous pouvons à peine énoncer sans contradiction. Peut-être, en un mot, l'homme ne sait-il pas exactement ce qu'il veut. Peut-être ne voit-il qu'à travers un bas attachement à la vie actuelle, à la vie terrestre, à ses habitudes, à ses plaisirs, dont il veut simplement le prolongement, sans progrès réel, sans enfantement à une existence plus haute, — déformée et associée à des ingrédients étrangers, sa destination véritable d'être fait pour s'abstraire de sa personnalité particulière, dont les pensers vont à l'universel, à l'impérissable, en qui l'universel prend en quelque sorte conscience de son existence, et qui se prend lui-même pour le tout.

Combien contradictoire est cet attachement à la vie qui veut se faire prendre pour une aspiration à l'immortalité! On voudrait reculer les limites de l'existence actuelle ou la recommencer, mais dans cette portion de vie qui nous est accordée, combien de périodes qui sont pour notre impatience, ou nos espoirs trop pressés, ou notre frivolité, un désert d'ennui à traverser; à combien peu de chose se réduirait-elle, comme l'observe Bossuet, s'il eût été en notre pouvoir de la rendre brève,

---

[1] « Le centre visible de l'existence de l'individu a disparu; il agit cependant. » Tolstoï, *La vie*.

en en supprimant tous les instants que nous avons vécus dans l'attente hâtive d'une chose désirée, ou simplement d'autre chose! Ne faudrait-il pas aussi premièrement ménager en nous le don précieux de l'existence, et par la tranquillité de l'âme et la pureté de la vie, principes de la vraie force, que les religions, interprètes d'une sorte d'instinct de conservation de la race humaine, ont exaltées avec tant de raison, étendre d'une façon effective notre vie actuelle, en prolongeant le plus possible la durée de cette période durant laquelle nos facultés ont tout leur éclat, toute leur puissance et toute leur fécondité? Mais, d'autre part, en présence de la mort frappant en pleine efflorescence, en pleine action, l'homme de valeur qui serait frustré de sa destinée si tout était fini avec la mort, notre vœu d'immortalité personnelle est loin d'être inconsidéré.

Tenons-nous en à ce que nous pouvons comprendre et que la réalité évidemment dépasse. Sans doute l'immortalité dans l'humanité apparaît comme un idéal trop lointain, trop élevé, inaccessible aux aspirations de la plupart, et dans tous les cas demandant pour être apprécié que nous pratiquions sur nous une véritable transformation intellectuelle et morale. Mais quelle immortalité n'implique une transformation, une initiation, étant nécessairement une vie nouvelle, une ascension, ou bien alors à quoi bon? Quoi qu'il en soit, cet idéal peut être rapproché de nous suivant la méthode indiquée plus haut — par interposition d'un idéal plus accessible, dans le cas où nous donnons au préalable pour thème à notre désir d'immortalité une exaltation de la personnalité hors de ses limites, mais dans un cercle plus restreint que l'humanité, dans la famille, puis dans la patrie.

Ici encore l'immortalité est le prix d'une transformation à laquelle nous aidons par la volonté et qui nous est facilitée par la nature, pourvu que nous sachions en accepter et comprendre les lois et les avertissements. Cette transformation de notre être en partie imposée, en partie acceptée n'est pas soudaine. Rappelons-nous les paroles de Leibniz (*Monad.* 71 et 72) : « L'âme ne change de corps que peu à peu et par degrés.... », elle ne possède pas « une masse ou portion de la matière affectée à elle pour toujours..... il y a souvent métamorphose dans les animaux, mais jamais métempsychose ». Pourquoi l'homme n'accepterait-il pas la survivance dans ses descendants ou même dans ceux qui sont du même sang que lui et lui ressemblent, comme un rajeunissement qui ne serait pas aussi efficace si l'on gardait avec le souvenir de sa première existence la lassitude d'avoir déjà vécu. Attachant dès cette vie ses aspirations d'avenir à ce tout biologique et social qu'est la famille, d'une si profonde solidarité physiologique et morale, et qu'il ne peut pas ne pas vouloir durable, il sent le lien de continuité entre lui et les autres membres et il consent à se continuer en eux; il jouit dès cette vie de l'immortalité qu'il possédera en ceux qu'il est ainsi logique de préférer à soi-même. La spiritualité n'est pas un vain mot; nous sommes où notre corps n'est pas, notre action volontaire n'est pas limitée à la durée de notre vie terrestre. Ayons donc à notre actif des faits par lesquels nous nous survivions; ceci au moins dépend beaucoup de nous. Cette immortalité d'ailleurs ne repose pas uniquement sur nos actes (circonstance dont les hommes se montrèrent préoccupés à certaines époques, lorsqu'ils instituèrent sous diverses formes le culte des morts), elle implique chez les survivants, et antérieurement d'une façon générale dans le groupe familial, à titre de disposition commune comportant une sorte de réciprocité, la piété qui se donne à tâche de faire revivre par le souvenir ceux qui ne sont plus et les actions de ceux qui ne sont plus; piété qui porte sa récompense, car en infusant la sève non intermittente du souvenir dans les images pâlies du passé, nous regagnons sur le temps écoulé des périodes entières de notre propre vie, nous établissons notre personnalité sur des bases plus étendues; et c'est là une noblesse morale. La signification philosophique de la noblesse de naissance comme institution sociale, en dehors bien entendu de l'idée d'une identification de la destinée de certaines familles avec celle de l'État, et le résidu moral de ce fait historique n'ont-ils pas été précisément un élargissement de la personnalité obtenu par une subordination de l'individu à l'idée de la famille, — l'hérédité devenue consciente en se transformant en une continuité psychologique sur les bases de la tradition, et cette force morale puisée dans la représentation toujours vivace des aïeux et de leurs exemples, et dans l'idée d'un dessein de grandeur poursuivi à travers plusieurs générations. Elle a fait concevoir un esprit de famille, par lequel chacun donnerait pour assise à sa personnalité non uniquement son individu et la vie présente, non uniquement les intérêts individuels immédiats, mais, et cela au plus grand profit de son propre développement, la commémoration de ceux qui l'ont précédé et la préoccupation de ceux qui lui survivront, puisque d'ailleurs il est en continuité organique avec les uns et avec les autres. Or, des actes durables d'une part, c'est-à-dire ce qu'il y a de plus réel en nous, des actes déterminés par la préoccupation d'un avenir qui n'est pas uniquement limité à l'horizon de notre vie présente, d'autre part le souvenir pieux qui n'est pas seulement un attendrissement sentimental, mais l'expression de cette tendance conservatrice qui nous pousse à nous rattacher à ceux dont nous sommes sortis, à nous sentir avec eux en une communauté qui ne soit pas purement organique, — n'y a-t-il pas là les éléments d'une immortalité? L'existence de divers sentiments très forts se manifestant dans la famille, les transformations amenées par l'âge dans nos sentiments relatifs à la vie présente, nous sont un sûr indice qu'il y a là une forme d'immortalité dont l'homme s'est toujours préoccupé, et dont il n'est pas disposé à faire fi.

XIII. — L'aspiration de l'homme à l'immortalité dans ses rapports avec la lutte des états pour la domination.

Il n'est point de sentiment un peu puissant sur notre volonté, qui par la faculté qu'il met en nous de sortir de nous-mêmes, d'attacher nos aspirations à un autre objet que le corps matériel et notre individu borné, ne développe pour nous une perspective d'immortalité. Plus cet objet est considérable, étendu dans l'espace et le temps, plus il nous promet une survivance prolongée, mais plus aussi il nous impose de purifier notre désir d'immortalité de tout alliage avec le simple instinct physique de conservation. Mais il y a là une nécessité de progrès à laquelle nous ne pouvons nous soustraire. Dès que nos aspirations se détachent de notre être purement individuel pour s'attacher à un objet plus durable, aucun de ces objets ne leur paraît assez durable jusqu'à ce qu'elles se soient reposées dans ce qui ne peut périr, étant le tout, l'universel. Au delà de la famille, c'est sur notre nation, notre race, sur le type humain dont nous sommes un exemplaire, que nous reportons nos aspirations vers l'immortalité. Nous lui désirons une durée terrestre aussi longue que possible, comme devant participer nous-mêmes de cette quasi-immortalité. Mais, malgré des renaissances multiples, une patrie ne saurait avoir une durée aussi longue que l'humanité, à moins toutefois que dans cette seule nation soit réalisée d'une façon définitive l'unification de l'humanité. De là cette lutte entre toutes les nations pour la prédominance, lutte qui pouvait être considérée comme sujette à des alternances de victoires et de défaites à des époques où, séparées par de grands espaces de terre ou de mer, des civilisations s'ignoraient réciproquement, où l'entrée en ligne imprévue de forces totalement inconnues restait toujours possible, mais qui, à une époque où toutes les données de races et de puissances en présence sur le globe sont à peu près déterminées, prendra de plus en plus le caractère d'une lutte en champ clos. Être le type humain dans lequel s'incarnera l'humanité future, voilà l'aspiration qui est au fond de ce cosmopolitisme, qui s'affirme sous tant de formes à l'heure actuelle. Voilà donc le détour par lequel l'individu travaille pour l'humanité à un moment où le sentiment national est plus irréductible que jamais, et où le cosmopolitisme, qui n'est dissolvant du séparatisme national qu'exceptionnellement, consiste, surtout pour les peuples, dans le fait de ne se pas ignorer mutuellement, dans le fait d'une pénétration réciproque plus complète des civilisations et des types politiques les uns par les autres, pénétration n'excluant chez aucune nation digne de ce nom la volonté d'assimilation ou de suprématie vis-à-vis des autres. Comment ne voudrait-il pas pour lui et pour ceux de sa race, ou de sa nation, ou même de sa civilisation, de préférence aux autres, la persistance dans la durée, et ce succès définitif, s'il y a rien de définitif ici-bas, de fournir les traits du type humain ou du petit nombre de types humains essentiels qui doivent prédominer sur le globe? Fatalement il s'efforcera tout à la fois, indistinctement, vers tout ce qui rend le type politique auquel il appartient plus digne de représenter l'humanité, d'en demeurer un des éléments essentiels, et qui du même coup inscrit la marque de sa pensée ou de son effort moral sur tout accroissement ou agrandissement de l'humanité elle-même.

Cette concurrence entre les nations par laquelle se traduisent en masse les aspirations des individus qui les composent à une immortalité qui est celle du type humain qu'ils représentent, peut se manifester à l'époque actuelle d'une façon qui affecte moins durement notre sensibilité, elle reste néanmoins et sera même de plus en plus sans merci ; .cette lutte pour la vie ou pour l'immortalité est éliminatoire sans cruauté, mais aussi sans atténuation, par une action en quelque sorte automatique. Dire que les plus forts l'emportent est une pure tautologie et expose à une équivoque, par suite de cette association d'idées trop facile qui nous porte à adjoindre au mot force l'épithète de brutale. Il faut voir autre chose dans ce qu'on nomme la force, en tout temps et plus particulièrement dans l'avenir. Cette idée de force, comme d'autres idées, l'idée d'intérêt par exemple, comporte une dialectique par laquelle nous nous éloignons nécessairement de l'idée d'une supériorité d'un caractère presque entièrement extérieur et passager, pour nous élever à celle d'un ensemble de conditions de durée et de vie, comprenant : la santé physique et morale, certaines qualités d'activité et de courage, la science et même une puissance de sympathie et de bonté peu communes ; — la science ne repose-t-elle pas, d'ailleurs, elle-même sur la sympathie ; et cette puissance de sympathie n'est-elle pas nécessaire pour aller chercher dans la réalité naturelle, sociale, historique, ces possibilités dont le développement procure à ceux qui ont su les ménager, un élément important de supériorité ? — Comment ces conditions doivent-elles être combinées pour assurer une supériorité durable à celui qui les réalisera? C'est là tout le problème de l'humanité future et de la politique présente que tout peuple ou race doit essayer de résoudre à son profit. Chaque groupement humain important prélude à sa façon à cette domination du monde à laquelle tous aspirent, et éprouve sa force en affirmant une vitalité particulière, un don, un rôle, un mode d'expansion découlant de son caractère propre ou du cadre géographique de son existence, des nécessités du milieu. Ceux-ci entreprenants et audacieux, avec la vocation du négoce et de la navigation, de leur étroite patrie comme port d'attache, sillonnent en tous sens l'univers, et partout implantent avec eux et

maintiennent leur genre de vie propre, sûrs d'eux-
mêmes, forts de leur initiative et de leur exclusivisme,
fiers, comme d'un privilège, d'une nationalité qu'ils font
respecter avec âpreté. Ceux-là réunissent, en un pays
grand comme l'Europe, des climats et des races diverses,
et aussi toutes les gradations dans les conditions d'existence et les genres de vie, du point de départ au dernier
terme du développement humain, depuis la vie pastorale
et libre des premiers âges jusqu'aux perfectionnements
les plus raffinés du machinisme industriel, embrassant
ainsi toutes les possibilités, et présentent le spectacle
redoutable d'une puissance industrielle sans égale (unie à
la puissance du nombre), qui saurait se transformer, en
un instant, en puissance guerrière, et qui arrive à avoir
sa sublimité propre, une beauté de force naturelle. Cosmopolites d'origine, produits d'une sélection opérée par
l'esprit d'aventure et de liberté indomptée entre les races
de l'Ancien-Monde, incarnant plus que toute autre nation civilisée et scientifique cette activité fébrile qui supprime les distances et utilise le temps sans en laisser
perdre une parcelle, maîtres de la moitié d'un continent,
comment ce globe qu'ils parcourent en tous sens et
enlacent déjà avidement dans le réseau de multiples
intérêts, pourrait-il leur sembler grand? — D'autres ont
pour eux le nombre, la puissance d'assimilation lente et
sûre, par la vertu de l'affinité de race, ou de religion, ou
de civilisation jointe à une supériorité d'organisation, —
par l'absence même de frontières géographiques ou
ethniques nettement arrêtées, et l'existence de transitions insensibles, facilement franchies, entre les pays et
les types ethniques, — par l'incomplète civilisation

même. Telles autres nations alternativement vaincues et victorieuses ont pour elles l'effort par lequel elles rivalisent de puissance guerrière, le patriotisme éprouvé par les revers et les succès, et leur force militaire qu'elles doivent sans cesse accroître appelle, comme condition, un développement scientifique, industriel, financier, un développement de l'esprit de sacrifice porté au plus haut point. Tel peuple a pour lui son passé qui semble devoir le rendre impérissable ; pour tel autre, c'est une force, un aiguillon, de n'avoir pas de passé. Tel autre, jeune et prêt à l'essor, héritier d'un grand nom, se réclame d'une antiquité lointaine et glorieuse, et préconise son avènement au rang des nations comme une renaissance. Tel a pour soi la richesse, tel autre sa pauvreté même ; celui-ci, un génie éminemment universel et compréhensif ; celui-là, un exclusivisme allant jusqu'à la dureté. Et ce ne sont pas seulement des nations, mais encore des civilisations, des races, celles-ci parfois désintéressées de l'idée de nationalité, mais non de la domination, leur expansion ayant un caractère purement biologique, qui luttent avec des armes très différentes. Combien incertaines les qualités, les vertus, les circonstances fortuites qui donneront la prééminence, combien difficiles à apprécier les ressources quelquefois imprévues et ignorées que tel ou tel peuple trouvera pour surmonter les difficultés de sa destinée, dans ce qui le constitue en propre. Mais la base et le principe de ces avantages est assurément dans le fait de ne point s'abandonner, de se vouloir fort et durable, cette volonté pouvant tour à tour être cause ou effet relativement à la santé physique et morale de la race.

Et plus les causes de supériorité décisives sont difficiles à discerner, plus il y a lieu de n'en négliger aucune. Au vouloir vivre énergique doit se joindre la facilité d'adaptation et de transformation. N'être étranger à rien de ce qui est, se trouve donc être la loi du type humain qui veut avoir des chances de persister. Il faut se rattacher à tout ce qui est, si l'on veut être de ce qui sera. Or, ce qui est, est fait de ce qui a été et se comprend par ce qui a été. Et plus spécialement, ne faut-il pas se sentir pleinement soi-même, se recueillir en son passé, pour faire surgir le principe d'un renouvellement de destinée, d'une régénération accompagnée d'un élan nouveau vers la vie et l'action ?

XIV. — L'émulation entre les nations concourant à la grandeur de l'humanité. — Éternité de l'être pensant. — La pensée, élément de l'univers, au même titre que l'unité est l'attribut du réel.

Que cette émulation, cette concurrence entre les divers types humains soit une cause d'accroissement pour l'humanité, cela n'est pas douteux. Le peuple le plus personnel, le plus exclusif, le plus infatué de sa nationalité, ne peut pas ne pas prendre en main l'intérêt et la grandeur de l'humanité. La preuve en est qu'il est porté à préférer, afin d'éprouver ses forces, des rivaux qu'il n'est pas sûr de vaincre, des égaux qui l'obligent de progresser sans trêve, à une victoire facile. Et ainsi les uns et les autres, vainqueurs et vaincus, travaillent à la grandeur de l'humanité, s'ingénient à ajouter quelque chose à sa puissance matérielle, intellectuelle ou morale, et remplissent un devoir en pratiquant cette émulation incessante sans défaillance comme sans découragement, sans croire à un état définitif qui les dispense de faire effort. Et ainsi le vœu le plus positif dans lequel viennent se résoudre collectivement les aspirations de chaque membre de l'humanité, et en même temps ce qui, dans notre désir d'immortalité, se dégage comme légitime et raisonnable, comme s'appliquant à un objet placé au-dessus de toutes atteintes, peut s'exprimer ainsi : Que l'humanité vive et qu'elle ait, qu'elle se crée des raisons de vivre (*vivendi causas*); pour ma part, puissé-je faire, puissent ma nation, ma race, ma civilisation, faire que l'humanité mérite de ne point périr, ait des raisons de vivre supérieures, susceptibles de prévaloir contre ces lois qui bornent sa destinée en tant qu'elle est simplement une espèce naturelle, et nous participerons ainsi à cette immortalité à laquelle nous aurons travaillé. S'il ne m'est pas indifférent que moi individu périsse, comment pourrait-il m'être indifférent que l'humanité dont je participe aille à la destruction. Ce que je ferais pour me racheter de la destruction, comment ne le ferais-je pas pour l'en racheter plus sûrement et moi avec elle, un moi dépouillé d'un attachement purement terrestre à l'existence particulière ?

Mais cette humanité elle-même, ce qu'il y a de plus essentiel en elle, c'est la qualité d'être pensant. Nous touchons ici le point où les vœux se transforment en certitudes, où l'immortalité qui n'est qu'un agrandissement plus ou moins étendu de la vie actuelle, tend vers sa limite idéale, l'éternité. La pensée est incontestablement un élément essentiel, sinon de la nature, du moins de l'univers, et l'art en faisant se pénétrer intimement l'esprit et la matière, la conscience et la nature, n'est qu'une recomposition du réel ; quelle serait autrement sa signification ? Ou il est un mensonge, une illusion, un reflet, une chose factice possédant un semblant d'existence dans l'ordre des choses naturelles, ou il appartient à un ordre supra-sensible qu'il révèle, comme la religion, la philosophie.

Or, unifier est l'action propre de la pensée et de l'art. Et l'unité doit être l'attribut le plus essentiel du réel, non pas une unité donnée qui suppose toujours quelque chose d'autre, mais une unité en acte; l'acte seul peut être primordial. La raison aussi (le hasard même, en ses combinaisons ayant sa logique) est primordiale, et ne se réfléchit en l'être pensant qu'après avoir été dans l'univers cette force des choses, cette nécessité dont le comment apparaît après coup, dont la marche apparaît ensuite toute naturelle pour la conscience qui l'analyse; et comment en effet la raison pourrait-elle comprendre autre chose qu'elle, autre chose que ce qui s'est accompli suivant la logique de la raison? Indissolublement unis, comme l'acte et la réflexion dont il s'accompagne dans l'être conscient, sont l'être et la pensée dans l'ordre universel.

La qualité d'être pensant dans cet univers où la pensée ne peut pas être un épiphénomène, ouvre à nos aspirations des horizons s'étendant bien au delà de la destinée qu'on peut assigner à la race humaine vivant sur ce globe. Que l'humanité périsse, cela est possible. Mais il n'est guère possible de concevoir que son œuvre, sa science, ses efforts vers le vrai et vers le bien qui est une forme du vrai périssent. Cet effort vers l'unité, cette réflexion de l'univers sur soi ayant pour organe une des créatures les plus parfaites de cet univers, comment y voir seulement un jeu éphémère de l'esprit humain; la science et la philosophie auraient-elles une telle grandeur si, en s'y adonnant, l'homme ne travaillait que pour lui, s'il ne travaillait à une fin plus haute, s'il n'agissait dans le sens de la réalité universelle, et n'obéissait à une loi véritablement objective et fondamentale? Comme s'opposent dans l'esprit humain, se succèdent et cependant s'unissent l'acte spontané et la conscience, ainsi font dans l'univers l'existence objective qui déjà est raison et cette raison réfléchie qui est la science. Et si la pensée consciente d'elle-même apparait après l'être, comme la réflexion suit l'acte spontané, cette succession peut-être n'est pas moins instantanée, toutes proportions gardées, dans un cas que dans l'autre, et consiste ici comme là dans le développement d'une virtualité préexistante, développement régi en ce qui concerne l'univers par la même loi d'unité, et qui est sans doute un passage vers une unité plus complète qui est l'unité sentie et consentie. — Nous nous trouvons tout naturellement employer des expressions et des idées qui s'appliqueraient tout aussi bien aux transformations des organismes politiques, et cela est tout naturel, car le caractère à la fois matériel et moral de ces ensembles en fait les symboles les plus complets du réel.

XV. — Possibilité et nécessité d'une race d'êtres pensants dans lesquels l'humanité se survivrait à elle-même dans une existence peut-être extra-terrestre.

En somme l'unité par l'esprit, supérieure à une unité en quelque sorte massive, despotique et fatale, cette unité vers laquelle la science est un acheminement, est et sera plus complètement par la suite réalisée, par cette raison qu'elle devait et doit l'être. L'existence de l'homme ou de toute autre espèce analogue, douée de raison, formant un terrain favorable au développement de la science, qui se révélera peut-être ultérieurement, n'est pas un fait contingent, un hasard, un accident du développement des espèces animales. Comme l'apparition de la pensée, l'existence d'un être en qui la pensée puisse arriver à sa floraison est un fait fondé durablement et objectivement. Tout se tient. C'est une vue superficielle des choses que celle qui nous porte à nous ébahir sur le peu qu'est l'être pensant et particulièrement l'être humain en face de la nature. Combien de choses ne devraient pas être changées dans l'univers pour que les êtres par lesquels a été amené ce grand changement, réflexion de l'univers sur soi, en vinssent à disparaître sans transmettre le flambeau de la science et de la pensée à d'autres êtres de nature similaire ! La nécessité d'une glorification par les êtres pensants de la création divine, selon Leibniz[1], est une expression à peine plus

[1] Leibniz, *Monad. 86.*

poétique que vraie de ce fait qui s'impose — à savoir que la pensée consciente est un des éléments du réel. « Tout ne se presse-t-il pas vers ton esprit et vers ton cœur? » s'écrie Goethe en un passage du *Faust*[1] où il définit précisément Dieu par les perfections sensibles à notre imagination et à notre conscience de l'univers physique et moral, passage dans lequel devient visible ce mouvement de la pensée moderne effectué sous l'influence de Spinoza[2], de l'idée d'un Dieu transcendant, distinct de l'univers à l'idée d'une Réalité absolue, ineffable, qui n'est pas la nature, qui n'est pas l'univers, qui n'est pas uniquement l'esprit, mais en réunit les perfections les plus éminentes et force notre pensée d'aller encore plus loin.

Que signifie, chez les philosophes anciens, Sénèque, par exemple, ce rêve d'une existence supra-terrestre, dans laquelle pareil aux dieux, le sage jouirait, dans les hautes régions de l'éther, de cette satisfaction suprême d'embrasser le spectacle de l'harmonie des lois de l'univers dans ces mouvements des astres qui en évoquaient pour les anciens l'image toujours visible et grandiose [3].

---

[1] Gœthe, *Faust*, 1re partie, p. 226, trad. Porchat.

[2] « La doctrine de Spinoza est sortie de la chrysalide mathématique et voltige autour de nous sous la forme d'une chanson de Gœthe. » H. Heine, *De l'Allemagne*.

[3] Sénèque, *Quæst. natur.*, I, prologus. « Juvat inter ipsa sidera vagantem divitum pavimenta ridere et totam cum auro suo terram..... et terrarum orbem superne despiciens..... : hoc est illud punctum quod inter gentes ferro et igne dividitur?..... Sursum ingentia spatia sunt, in quorum possessionem animus admittitur; et ita, si secum minimum ex corpore tulit..... Cum illa tetigit, alitur, crescit, ac veluti vinculis liberatus in originem redit, et hoc habet argumentum divini-

Que peut entendre ce moderne stoïcien, Kant, par cette république d'êtres raisonnables dont il nous excite à nous considérer comme législateurs et sujets, et qui ne peut être dans sa pensée une pure abstraction? Ce serait peut-être ici le cas de ne pas traiter ces conceptions de symboles ayant une vérité purement idéale, de ne pas les considérer, ou comme un symbolisme voulu chez le moderne, ou chez l'ancien comme le symbolisme naturel d'une pensée impropre encore aux abstractions du monde moral, et pas encore assez dégagée de la réalité sensible, mais comme représentant des aspirations qui ne craignent pas d'être prises au pied de la lettre. Que veulent dire l'un et l'autre de ces philosophes, si ce n'est que la destinée de l'être raisonnable n'est pas exclusivement et uniquement dans un lien de dépendance avec le sort de cette race humaine dont nous sommes, de ce globe périssable qui en est actuellement l'habitacle. Comme suivant le mot de Leibniz, « ce globe » pourra « être détruit et réparé par les voies naturelles dans les moments que le demande le gouvernement des esprits »[1], de même, ce genre humain, en dehors duquel nous n'imaginons pas comme pouvant avoir un autre support la qualité d'être raisonnable, pourrait aussi être appelé à subir une refonte, un renouvellement allant jusqu'à la destruction complète ou à une sorte de sujé-

---

tatis suæ, quod illum divina delectant, nec ut alienis, sed ut suis interest : secure spectat occasus siderum atque ortus et tam diversas concordantium vias. Observat ubi quæque stella primum lumen terris ostendat, ubi culmen ejus summum, etc..... curiosus spectator excutit singula et quærit. Quidni quærat ? Scit illa ad se pertinere. Tum contemnit domicilii prioris angustias..... »

[1] *Monad. 88.*

tion, et être destiné à ne se survivre que dans un autre type d'être naturellement supérieur dans lequel tout l'acquis de nos facultés intellectuelles, notre science, non perdus, se perpétueraient sous la forme d'instincts innés, comme chez nous les impressions sensorielles de l'animal. Ce n'est pas sans raison que dans l'idée de fin se rejoignent l'idée de but et l'idée de borne, de terme, de destinée accomplie, de mort qui n'est peut-être qu'une transformation, l'idée d'une chose désirée ardemment et d'une chose redoutée. Combien de penseurs contemporains sont hantés de l'idée de cette transformation, de l'idée de l'apparition éventuelle d'un nouveau type humain dans lequel nous travaillons à nous supprimer et à nous survivre : Emerson et Carlyle pour lesquels l'humanité s'affirme comme supérieure aux individus dans ce héros de l'humanité qui est le grand homme, principale raison d'être et conscience de l'espèce ; Renan qui rêve d'une humanité de savants qui réaliserait Dieu sur terre par la science[1] et disposerait pour gouverner le monde d'une puissance formidable et invincible fondée sur l'esprit ; Nietzsche, parmi les plus récents, dont le *sur-homme* se présente à nous avec quelque chose de l'allure imposante d'un héros des poëmes de Wagner, transition entre le dieu et l'homme. Et même, on peut joindre à ces penseurs ceux qui de nos jours, peut-être à tort, se représentent les sociétés comme étant ou encore tendant à devenir des organismes de plus en plus parfaits sans doute, de plus en plus conscients par conséquent, comme une sorte de métazoaire au deuxième degré,

---

[1] Renan, *Dialogues philosophiques.*

apparemment, dans lequel l'existence de l'individu deviendrait étrangement subordonnée. Les divers types d'êtres dans lesquels il est possible qu'en des mondes différents s'incarne l'être raisonnable, et entre lesquels, peut-être, une sorte de concurrence se manifestera ultérieurement, ne s'ignorent pas plus, en somme, que ne s'ignorèrent réciproquement sur notre planète de grandes civilisations, de grands empires séparés par des océans ou des déserts, et qui finirent cependant par arriver au contact. Y a-t-il quelque inconcevabilité à ce qu'une planète, la nôtre ou une autre, puisse devenir un jour trop petite pour ses habitants, comme l'est parfois devenu un continent? Ce sont là des interrogations, des hypothèses sans doute, mais quel autre moyen d'explorer les possibilités du réel que l'hypothèse ou la métaphore, et de nous rendre compte d'une façon approchée de la richesse, de la fécondité de ces possibilités?

XVI. — Certitude d'une immortalité fondée sur la qualité d'être raisonnable. — Magnificence du réel.

De la qualité d'être raisonnable apparaît en somme comme corrélative l'idée d'une existence pouvant être extra-terrestre, ou tout au moins qui ne serait pas liée nécessairement à la structure actuelle de notre globe, et même en pourrait être totalement indépendante, et d'une existence pouvant ne pas s'incarner uniquement et définitivement en l'homme tel que nous le connaissons. Dans la méditation de ce caractère distinctif dont l'homme tire sa grandeur et auquel il attache sa destinée, nous goûtons l'apaisement de la certitude, en même temps que nous ressentons un sentiment d'émulation qui nous pousse à le développer autant que possible en nous dès cette vie, comme pour anticiper cette destinée pressentie, comme pour jouir dès maintenant de cette éternité promise à l'être raisonnable et dont la vérité possédée nous est une image. Dans l'histoire, le génie d'une époque et d'une civilisation n'est pas oblitéré et aboli par suite de l'avènement d'une nouvelle civilisation dans l'époque qui suit; il se produit une intégration des éléments appartenant au passé avec des éléments nouveaux, et tel génie qui semble pour un regard superficiel avoir subi une éclipse ne s'est pas affirmé en vain. Il en est de même pour l'homme. Il sait que l'esprit ne peut périr, ni ce qui dans l'homme est condition essentielle du développement de l'esprit; il sait que dans la destinée ultérieure de l'être raisonnable, l'homme et ses œuvres seront représentés dans la mesure où ils auront préparé cette transformation des conditions dans lesquelles se réalise de plus en plus parfaitement la conscience de l'univers, tout ainsi que l'homme contient lui-même l'animal. Sûr de ce côté, sa grande affaire est de goûter dès cette vie à cette éternité en s'affirmant comme être raisonnable, en se faisant aussi universel que possible, en faisant un effort pour embrasser par la pensée et la science tout ce qui est et fut jamais. Et l'être raisonnable, dans lequel l'homme doit se transformer et se supprimer, ne s'en distinguera d'ailleurs que par une conscience plus complète, plus étendue, une aptitude plus grande à embrasser dans le détail et l'ensemble ce qui est et ce qui fut. Il se trouve ainsi qu'à asseoir sur notre qualité d'être raisonnable nos plus fermes espoirs d'immortalité pour l'humanité et pour nous en tant qu'individus, nous ne risquons pas d'être déçus. La pensée est autre chose qu'une des plus fragiles parmi les formes d'existence, pour laquelle l'aveugle nature témoignerait la plus complète indifférence; bien au contraire, il ne se peut pas que de multiples finalités ne s'organisent de toutes parts dans l'univers pour mieux faire aboutir et se réfléchir chaque chose dans une pensée toujours vivante comme en son centre. Nous ne suivons pas une ombre vaine dans la poursuite d'une semblable destinée; nous ne risquons que le plus qu'humain.

La pensée est le fait merveilleux et pourtant logique avec lequel la nature nous apparaît comme pénétrée de surnaturel. Dans un monde où un tel fait est possible, préparé, assuré, conditionné par d'innombrables et de renaissantes finalités, puisqu'il est fondamental, — où la raison réussit à se faire jour sous forme de conscience et de réflexion, toutes les conceptions que nous pouvons nous former sur les choses qui font l'objet de nos aspirations, ne peuvent qu'être surpassées par une réalité dont il n'y a pas à craindre que le caractère mystérieux soit exagéré. Les hypothèses et les conjectures les plus satisfaisantes au point de vue logique (telle, par exemple, l'idée de la distinction de l'être raisonnable et du corps matériel conduisant à ce que Leibniz appelle « le préjugé scolastique des âmes entièrement séparées[1] »), ont quelque chose d'abstrait, de froid et de mesquin en comparaison de ce que la réalité nous réserve. En cette

---

[1] Leibniz, *Monad.* 14.

matière, comme dans ce conte d'Edgar Poë[1], où il nous montre s'épanouissant en astres étranges et splendides qui fleurissent les champs de l'éther, « les rêves féeriques » du poète et les phrases par lesquelles s'exhalent « les passions d'un cœur tumultueux », — l'hyperbole et la métaphore deviennent des vérités qu'on ne saurait prendre en un sens trop littéral ; tels des oracles profonds dont chacune des multiples significations serait destinée à être vérifiée. Les magnificences de l'art, véridique dans ses fictions même, par l'exaltation qu'elles nous procurent, comblent l'écart entre le point extrême que peut atteindre la pensée logique et les splendeurs du réel, — contribuent à nous rendre présent ce qui demande un effort de pensée peu commun pour être conçu sous forme d'hypothèses dont le caractère abstrait et peu convaincant ne donne satisfaction qu'à moitié à nos facultés de croyance, et ne satisfait pas non plus à des aspirations qui ne sont pas celles de purs esprits. Qu'il s'agisse du réel, qu'il s'agisse de Dieu, le seul danger est de se contenter du trop aisément concevable.

La pensée, qu'est-ce autre chose que l'unité du réel en tant que cette unité est vivante, en tant que chaque partie du réel est en travail de cette unité, de cette unanimité, devrait-on dire ; et c'est pour cela que le fond de notre pensée, son but, c'est toujours unifier, ramener le multiple à l'un, embrasser l'univers dans son unité. « La gloire de Dieu », suivant Leibniz, demande que sa

---

[1] E. Poë, *Puissance de la parole* (*Nouvelles histoires extraordinaires*, trad. Baudelaire).

« grandeur et sa bonté soient admirées par des esprits ». Nous exprimons la même idée en disant que l'être a pour corrélatif inséparable, nécessaire et contemporain la pensée, par cette raison même que le réel ne peut pas ne pas avoir pour attribut principal l'unité. La réalisation de cette unité, tout au moins sous un de ses aspects, se poursuit à travers cette unification progressive de l'humanité que le progrès politique, social, scientifique, nous rend sensible, et à travers cette union, qui en est la conséquence (différente de l'unité originelle en ce qu'elle est consciente), de toute l'humanité avec toute la nature. Cette unification n'est d'ailleurs pas uniformisation, elle implique tout au plus simplification, élimination d'éléments accessoires, tout en ayant pour but une représentation aussi centrale et en même temps aussi diversifiée que possible de l'humanité pour elle-même et conséquemment de la nature et de l'univers pour l'humanité. Cette synthèse étendue, cette intégration en un petit nombre de types humains essentiels se connaissant réciproquement, existant les uns pour les autres, de toute cette nature humaine que la race, l'habitacle, le degré de civilisation atteint, rendent si différente d'elle-même, et, du même coup, cette intégration en une seule de chacune des représentations de l'univers ou conceptions de la vie qui prennent leur source dans ces différences, comportent un effort intellectuel et moral qui a naturellement sa limite, limite reculée (mais non indéfiniment) par ces adjuvants de la pensée et de l'action qui sont les créations de l'art, l'outillage de la civilisation, toutes ces choses avec lesquelles un fait immatériel, une conception de la vie, une science, prennent une existence concrète et sensible, des lignes arrêtées, et se maintiennent comme un acquis définitif. Cette limite atteinte, il resterait que l'homme, ce milieu entre deux natures pour parler comme Pascal, changeât de nature, que l'être pensant se constituât sur de nouvelles bases, soudainement révélées, se découvrit de nouvelles conditions d'existence, vers lesquelles ces appuis trouvés par l'homme dans les arts créés par lui, auraient d'ailleurs contribué à le porter. L'ascension qui se marque entre les êtres des divers règnes, des existences les plus spéciales, les plus fermées les unes aux autres, jusqu'aux existences les plus pénétrées de sympathie mutuelle, figure peut-être tout simplement un des moments du va-et-vient d'une pensée universelle qui vivifie l'ensemble de la réalité[1] et se fait tour à tour chaque chose et le tout. Nous sommes sur le trajet de cette pensée, elle s'incarne dans le point de vue particulier et étroit de la simple monade, elle s'incarne aussi en nous, nous pressentons qu'elle nous dépasse dans un point de vue supérieur auquel nous pouvons nous élever peut-être, mais en dépouillant notre condition d'être humain et terrestre[2]. Quant à nos efforts vers une perception plus complète, plus centrale, ils ne sont pas vains ; ils comptent assurément pour quelque chose, ils sont un élément de l'évolution de cette pensée universelle, quand même l'idée d'un progrès vers un état qui n'existe pas encore

---

[1] Cf. *L'étymologie de* δίκαιον *dans Platon* : ἐπεί δ'οὖν ἐπιτροπεύει τἄλλα πάντα διαϊὸν. (Cratyle 412 d, e.)

[2] « Nous irons voir de monde en monde
S'épanouir ton unité; »
(V. Hugo, *Les Rayons et les Ombres*, XL).

serait trop dépendante de notre conception toute humaine et subjective du temps pour être prise en un sens absolu.

XVII. — L'unité de l'humanité représentation de l'unité du réel et moment de cette unité. — La philosophie et la philosophie de l'histoire.

La tendance de l'humanité vers l'unité est un moment de cette tendance universelle vers l'unité, qui est la vie même du réel, et tout à la fois la reflète. Art suprême qui enveloppe les autres arts et qui les a pour auxiliaires, — l'humanité se joue à elle-même le drame du réel, art dans lequel la part de fiction tend à se supprimer en raison de l'universalité de plus en plus large réalisée par l'être pensant et de la position de plus en plus centrale adoptée par lui.

Même une vue des choses plus incomplète et non encore centrale est, elle aussi, un des moments nécessaires du réel. Car le point de vue d'une pensée universelle qui est la vie même du réel, n'est pas unique. Croire qu'elle s'immobilise au centre de l'univers, c'est être dupe d'une analogie grossière avec les conditions d'un phénomène matériel familier aux sens, tel que, par exemple, l'éclairement par une source de lumière des objets environnants, dans un certain rayon. La multiplicité des existences dans lesquelles elle se mue est au contraire sa vie même. Prise en elle-même, elle unit nécessairement les contraires, résout les oppositions, notamment ces oppositions fondamentales entre le moi et l'autre, entre l'humain et ce qui est au-dessus et au-dessous de l'homme, auxquelles se butte l'homme, muré en quelque sorte dans sa nature spécifique, et qui se conçoit séparé de l'animal qu'il dépasse et contient, comme du point de vue plus étendu qu'il pressent, auquel pourrait s'élever un être supérieur à lui, par ces frontières mystérieuses de la naissance et de la mort, et pour lequel, dans l'impossibilité de se déprendre de soi, l'au delà se précise et se formule invinciblement dans le fait de ne plus être, dans l'abolition de sa nature spécifique et de son individualité, — la vie animale dans le fait de n'être pas encore.

L'histoire de l'humanité est donc, disions-nous, le réel mis en action dans un de ses propres épisodes. Philosophie et sociologie, philosophie et philosophie de l'histoire ne sont-elles pas souvent une seule et même chose? La philosophie allemande dans la première moitié de ce siècle, au témoignage de H. Heine[1], fut réellement une philosophie de l'histoire d'un caractère prophétique; avec sa tendance panthéistique, reflet d'une nation en travail de son unité et dans laquelle la vie locale, l'esprit particulariste devait se conserver, elle eut son point de départ et son aboutissement dans l'état politique et social. Comment en serait-il autrement? N'est-ce pas par les crises de son existence personnelle enveloppée d'ailleurs et influencée par les faits de l'ordre politique et social dont il ne peut manquer d'être touché, que l'individu lui aussi se trouve appelé à philosopher sur la destinée en général, et ne prend-il pas pour thème initial

---

[1] H. Heine, *De l'Allemagne* (1872, M. Lévy), 3ᵉ partie : De Kant à Hégel, principalement p. 179 et suiv. « La philosophie allemande est une affaire importante qui regarde l'humanité. »

sa propre destinée, n'a-t-il pas en vue des conséquences, des conclusions se répercutant sur sa propre existence. En France, vers la même époque, un développement parallèle de la pensée se produisit, imprégné aussi de panthéisme[1] (d'un panthéisme d'un autre genre, procédant beaucoup moins d'un particularisme local effectif que du besoin même, obscurément ressenti, de cette vie locale moins centralisée), marqué par l'apparition des doctrines sociologiques de Fourier, de Saint-Simon, d'Aug. Comte. Ainsi, tandis que l'Allemagne, en philosophant, semblait-il, dans l'abstrait, méditait sur sa propre destinée nationale et la préparait, en France la discussion des problèmes sociologiques était presque toute la philosophie.

Toute nation d'ailleurs, dans l'état actuel non moins que dans le passé, aspire à représenter, à personnifier, et en même temps à organiser l'humanité, laquelle en tant qu'espèce ou ensemble d'êtres similaires, a l'existence amorphe d'un composé, non celle d'un organisme. C'est avec et dans l'existence nationale, cette existence d'un groupe qui ne reconnaît pas de groupe plus étendu dont il ferait partie, que l'humanité prend une existence effective, qu'elle se pose en face du réel, qu'elle se constitue une interprétation du réel, qu'elle expérimente en soi un des moments de la vie et du développement du réel. Ces lois primordiales, ces chefs, ces dieux, ces principes métaphysiques et moraux que les hommes réunis en société placent au-dessus d'eux, contribuent à faire de cette unité, l'État, quelque chose de complet,

---

[1] H. Heine, *De l'Allemagne :* De Luther à Kant, p. 83, surtout 84 et 85.

une nature dans laquelle ces éléments aussi du réel que l'homme reconnaît supérieurs à lui-même sont représentés, et même entrent comme partie intégrante. C'est en tant qu'il est pour lui-même quelque chose de complet et d'unique en face du Réel qu'il pose et croit incarner tour à tour, en tant que n'ayant pas sa fin en dehors de lui, que l'État possède l'attribut presque divin de la souveraineté, ayant en soi cela même qui le dépasse. Point de nation, point de société supérieure à l'agglomération purement instinctive, sans une métaphysique formulée ou implicite en vertu de laquelle cette société tend à être comme un raccourci du réel, se suffisant à soi-même non pas seulement par la réalisation de certaines conditions matérielles d'existence, mais encore au point de vue moral, en tant qu'elle a son idéal, le principe d'action, la règle supérieure qui est en même temps la raison d'existence et d'où découle ce droit divin qui est en elle. Et d'autre part, nécessairement, point de métaphysique qui ne soit, d'une façon plus ou moins avouée, plus ou moins indirecte, une sociologie, quand même elle n'aurait pas comme aboutissement cette cité de Dieu[1] dans laquelle Leibniz résume finalement sa conception morale de l'univers.

L'objection qui se présente alors est la suivante : Comment pouvons-nous penser atteindre le fond des choses, si notre métaphysique n'est jamais qu'une psychologie ou tout au plus une sociologie. Nous ne sortons pas de nous-mêmes, nous ne sortons pas du point de vue humain. A cela on peut répondre que précisément c'est

[1] Leibniz, *Monad.* 85, 86, 87.

plutôt dans l'homme qu'en dehors de l'homme, que dans la nature notamment et les considérations sur la matière auxquelles nous conduit l'étude de la nature, que c'est seulement dans l'homme que se trouve ce qui peut nous faire dépasser le monde de la nature, cette réalité finie dont notre science traite séparément, le monde de la nature et aussi l'homme. Un anthropomorphisme non littéral est plus près de la vérité qu'un hylomorphisme, et d'ailleurs le point de vue anthropomorphique qui en somme est inévitable, n'est défectueux qu'en tant qu'il implique une tendance matérialiste à s'embarrasser invinciblement d'analogies avec des représentations toutes relatives à notre organisation sensorielle. Bien plus, la réalité qui fait l'objet de la sociologie n'est pas uniquement l'homme, mais un petit univers dans lequel se trouve représenté aussi bien ce qui est au-dessous et ce qui est au-dessus de l'homme. Et de fait quand on essaie de définir la société, cet être à part qui n'est certainement pas un organisme au sens des organismes vivants, la seule analogie satisfaisante qui s'offre à nous pour nous aider à en concevoir la nature est celle que les rapports, indiqués plus haut, de la sociologie et de la métaphysique, de la métaphysique et de la philosophie de l'histoire, toutes les deux sciences de la destinée humaine, nous amènent à reconnaître; c'est l'analogie avec le tout, avec l'univers.

Le seul objet, la seule fin dans laquelle se rejoignent et s'accordent, si différents de forme, les sociétés primitives et modernes, les états politiques et les églises, les groupements cosmopolites dont la science, le commerce, l'industrie sont le lien, — et aussi cette sorte de gouvernement des phénomènes de la nature par l'homme basé sur la connaissance de leurs lois, cette société qui s'établit par la science entre lui et les autres êtres, — c'est précisément l'universalité qu'ils s'efforcent d'atteindre par le développement parallèle d'une organisation de plus en plus étendue et d'une centralisation de plus en plus consciente. Cette universalité, les sociétés à forme cosmopolite l'anticipent, dépassant en apparence dans cette voie les sociétés à base biologique, telles que les nations, d'un caractère plus anthropomorphique et d'une personnalité plus accentuée, mais qu'elles ont en réalité pour support. Quant à l'indétermination de forme de ces types énumérés, si divers, elle doit nous les faire considérer comme les *disjecta membra*, les organes déjà différenciés d'une société unique qui s'élabore et n'a peut-être d'autres confins que ceux du réel.

XVIII. — Coïncidence probable de l'unification de l'humanité avec une conciliation entre l'art et la science.

Cette unité, présage et avant-coureur d'une unité plus compréhensive et plus haute, qui ne cesse de s'élaborer, cette unité vers laquelle tend premièrement l'humanité et dont la réalisation, une fois achevée, fera surgir et s'ouvrir devant elle de nouveaux horizons non moins inédits, non moins féconds en surprises peut-être que l'au delà de la mort, l'autre rive, — que manque-t-il pour qu'elle soit atteinte? De ce qui manque, nous avertissent maintes oppositions, maints antagonismes, auxquels la pensée de l'homme donne asile. Un de ces antagonismes, et non le moins significatif, et qui sera vraisemblablement le dernier à disparaître, parce qu'il est le plus intérieur, est l'antagonisme existant entre la science et l'art, entre la conception matérialiste objective et la conception anthropomorphique psychologique, entre ces deux sortes de vérité, la vérité artistique et littéraire, la vérité scientifique et littérale ; en un mot, entre la physique et la psychologie. L'art et la science, considérés dans leur principe, correspondent à deux démarches, à deux méthodes différentes de la pensée : l'anthropomorphisme et l'abstraction. Ils abordent la réalité par deux côtés différents ; et, d'ailleurs, vont par là même l'un au devant de l'autre. Comme, dans l'homme de génie, la théorie et la connaissance abstraite se font instinct pour aller se perdre dans le courant de l'activité créatrice de l'art, — ainsi nous voyons les sciences aboutir, par leurs applications, à des arrangements caractérisés par une appropriation de plus en plus parfaite du globe aux aspirations et aux besoins collectifs de l'homme ; nous les voyons faire converger leurs résultats, tantôt vers un art pratique auquel elles donnent plus de précision et de généralité, et qui rivalisera ensuite de vitalité avec les manifestations de la nature, vers une pénétration plus complète de la connaissance théorique et d'un art traditionnel parallèle à un certain genre de la vie, l'agriculture ou l'horticulture, par exemple, tantôt vers une science composite, moins exacte, et par son caractère descriptif, par l'étude des conditions d'existence matérielles qui produisent une diversification de la vie humaine et de la représentation du monde extérieur, tenant l'intermédiaire entre la science proprement dite, la littérature, la politique, l'activité voyageuse, le paysage, telle que, par exemple, la géographie, science dans laquelle commence à poindre toute une psychologie, puisque le milieu, le site, en tant que déterminant le genre de vie, et façonnant l'homme, réagissant sur son activité matérielle, intellectuelle, sur sa vision de la nature sensible, semblent déjà posséder une sorte de caractère moral propre, et par là même en tant que paysage, peuvent devenir le symbole d'une variété d'âme ou d'un état de l'âme. Enfin, ces mêmes inventions de la science, inspirées par le désir de répondre à certains besoins élevés, développés dans la nature humaine par le beau, peuvent avoir dans les moyens employés ou dans le but qu'elles permettent d'atteindre une sublimité toute idéale qui réalise l'union de l'art dans son acception la plus élevée avec la vie. Une part notable de l'activité artistique, d'un autre côté, s'emploie à l'aménagement de notre globe et subordonne les arts existants à une sorte d'initiation sympathique de l'homme aux aspects les plus divers de la vie physique et sociale que puisse offrir ou qu'ait offerts dans le passé notre planète. Une prise de possession effective de tout le globe par une humanité qui, elle aussi, embrasse tout l'homme, intègre en elle les civilisations et les races, réalise en elle tout l'homme à force d'être compréhensive, semble devoir marquer le point terminal de cette synthèse de l'art et de la science, en même temps que le moment où la destinée de l'être humain, désormais uni à sa planète comme le pilote à son navire, et y gouvernant les forces et les êtres, venant se heurter à une limite que les aspirations de l'homme franchissent, ne peut manquer de se transformer.

Est-ce à dire que l'art et la science doivent se pénétrer l'un l'autre jusqu'à abdication définitive de ce qui fait le ressort de chacun d'eux ? Leur destinée n'est pas finie du jour où ils s'unissent dans une culture de l'homme, dans une mise en valeur esthétique et utilitaire à la fois de cet univers, produisant une appropriation plus complète, plus intelligente, ne s'inspirant pas moins de la beauté que de la vérité pratique, de celui-ci pour celui-là. Comment concevoir comme durable et définitif un état dans lequel l'homme, bornant ses désirs et ses ambitions, se contenterait de jouir de son empire terrestre, un état qui ne serait qu'un état, une station, sans progrès au delà. L'union de deux choses opposées d'ailleurs n'est simplification que momentanément ; une fois réalisée, elle fait se dégager une nouvelle opposition dans des proportions en quelque sorte agrandies, elle suscite un nouveau et fécond dualisme de principes qui se réconciliera pour renaître encore. Le développement de l'art, et particulièrement de l'art dramatique, arrive-t-il à fondre dans un universel réalisme les divers genres littéraires, et notamment la tragédie et la comédie, dans lesquelles les conventions arrivent à être réduites à leur minimum, alors surgit au premier plan un art du théâtre bien plus en opposition avec ces deux genres qu'ils ne l'étaient entre eux, produit d'une optique toute différente, qui, à le juger d'après le même critérium que les autres représentations de la vie, serait plein de conventions et d'invraisemblances, mais a lui aussi sa vérité profonde, vérité d'un caractère psychologique faite de l'union de tous les arts en un seul, et remplace l'imitation des sentiments, des actes et des caractères pris dans l'humanité courante, par une image de la vie simplifiée et intense consistant en un symbolisme des puissances élémentaires du monde moral; c'est l'opéra moderne.

XIX. — Moyen terme possible de cette conciliation : la notion de vie.

Temporaire serait donc cette absorption réciproque de l'art et de la science destinée à coïncider probablement avec l'avènement d'une humanité une dans sa diversité, jouissant pleinement de soi et de son univers terrestre. Cette identification de ces deux manifestations de l'esprit n'est nullement invraisemblable, si l'on songe qu'elle a déjà existé partiellement dans le passé, et qu'elle est réalisée exceptionnellement et comme par anticipation par l'homme de génie, et si l'on réfléchit que le progrès bien souvent consiste à reconstituer dans de plus grandes proportions, sur une plus large base et d'une façon consciente et raisonnée, ce qui a déjà été une fois exécuté du premier coup mais d'une façon en quelque sorte instinctive. Le moyen terme de cette conciliation semble devoir être fourni par cette notion de vie qui participe à la fois du point de vue interne et du point de vue externe, et dont l'emploi déjà[1] nous a paru lié à l'idée d'une pénétration possible de toutes les existences dans leur nature intérieure, à l'aide de la science, de l'art ou du sentiment indifféremment, par ce Protée aux mille formes que sait être l'homme, universel dans ses aspira-

[1] Cf. plus haut, IV, chap. 6.

tions. Il n'est point de fait concret plus universel que la vie, de terme comportant une plus grande variété d'acceptions ayant entre elles un lien qui n'est pas factice. Dira-t-on que cette notion a, de l'étude des corps vivants dans laquelle seule le mot vie serait pris au sens propre, rayonné dans les divers autres domaines? Ce n'est là qu'une apparence, en partie justifiée, il est vrai, à notre époque, par ce fait que nous avons vu en ce siècle l'idée d'évolution après avoir pris naissance dans les sciences naturelles, renouveler les méthodes dans la géologie, dans les questions d'origine, dans l'histoire, dans la philologie, dans la psychologie, dans la science sociale. En réalité, ce terme de vie s'applique non moins littéralement dès le début à ce contenu de l'existence humaine, de l'évolution individuelle, qui est la destinée, et d'une façon générale à ce train universel des choses dans lequel l'homme se trouve mêlé et emporté au cours de son existence, qu'à un développement enfermé entre des limites et déterminé par des phases se déduisant de l'idée d'un certain type générique. Si, invinciblement, à ce terme correspondant, d'une part, à un fait spécial, à un développement dans de certaines limites de temps et suivant une certaine loi, et, d'autre part, à l'ensemble des développements, à ce développement total qui est la réalité, — est venue s'adjoindre une signification métaphysique, si la vie est devenue un principe formel s'opposant aux éléments matériels constituants du corps vivant et les dominant, il n'y a pas là uniquement une réalisation d'abstraction, une entité verbale érigée en principe d'explication. Mais par ce principe immatériel, et conséquemment n'ayant pas une existence purement locale, indépendant du temps et de l'espace, nous ne pouvons entendre qu'un principe universel enveloppant les existences particulières dans le grand courant de la vie générale, et qui ne peut être dit agir en un être donné qu'autant que cet être reflète le tout. Vie comme finalité est essentiellement, ainsi que l'a montré Kant, affirmation dans l'existence particulière, dans l'élément ou le fait, de leur rapport à un tout ou bien au tout. En tant que principe métaphysique, ce qu'on nomme la vie n'est qu'une entité si on en restreint l'application aux seuls organismes, si l'on n'en fait un principe universel se reflétant d'une certaine façon suivant le point de vue en tout ce qui existe.

Ce caractère de moyen terme que possède la notion de vie, et la nécessité de n'en pas limiter l'application au seul monde zoologique et végétal, se marque notamment dans ce double mouvement de la pensée scientifique tour à tour s'efforçant de ramener les phénomènes et les formes de la vie physiologique à des faits physiques de mélange, d'endosmose, de tension superficielle entre des fluides de densité différente[1], et découvrant d'autre part, dans les phénomènes inorganiques, une perfection dans la complexité qui relève la matière des mépris où l'a jetée une opposition trop absolue entre le corps et l'esprit[2], et des hasards heureux fréquents et comme réglés qui y réalisent couramment, dans les cristallisations de la glace, dans les stalagmites des grottes, dans les multiples phénomènes qui ont

---

[1] F. Le Dantec, La vie et la mort (*Revue philos.*, 1896, II et III).
[2] Sabatier, De la méthode en évolutionnisme (*Revue de métaphysique et morale*, 1895, p. 21, surtout 22 et 23, 24, 25).

rapport à l'élément liquide, les formes et les lignes de la vie organisée.

Or la vie nous introduit déjà du monde de la physique dans celui de la psychologie et par conséquent, aussi, de l'art. Un être, c'est pour nous, au point de vue psychologique et esthétique, une vie, un genre de vie spécifique, et dans ce genre de vie une variété individuelle. Et réciproquement, un vivant n'est quelque chose de plus qu'une machine qu'en tant qu'il est une psychologie, qu'il a une psychologie, qu'il s'écoule vivre, ou que en lui un autre vivant analogue et plus parfait[1] peut s'écouler vivre en retrouvant, reflété, quelque chose de lui-même. Descartes fait de l'être vivant et même sentant une machine, et reconnaît toutefois la réalité du fait particulier de la vie comme objet d'un sentiment spécial, sourd et confus, se rencontrant précisément chez l'être dont les facultés sont tournées vers l'universel.

Mais qu'est-ce que vivre si ce n'est aboutir, réussir à s'affirmer, à s'affirmer pour une pensée, bien entendu, émerger du possible et durer? Toute la vie est faite de ces trois termes : apparaître, se perpétuer, se propager, et ce qu'elle reflète dans une existence particulière ou dans une suite d'existences particulières, c'est la nature impérissable du réel. Si nous retenons de cette notion ce qu'il y a de positif en elle, ce qui dans cet attribut des choses est perfection, une certaine stabilité typique et une certaine identité individuelle persistant à travers des transformations inévitables et incessantes, nous y retrouvons

[1] Monad. 52.

un reflet de ce trait distinctif du réel : l'impossibilité de retomber dans le néant, d'une réalité continuellement agissante qui se recrée pour ainsi dire à chaque moment; réalité dont les êtres particuliers par leur aspiration à l'immortalité, et même par le simple attachement à l'existence attestent qu'ils sont une partie, un moment, — et de cet autre caractère : l'unité, qui fait de la réalité un tout lié, unité qui pour nous existe à l'état de tendance et dans le devenir, mais d'un point de vue supérieur apparaîtrait effective.

Dans cette idée d'une vie universelle tendent peut-être à venir se rejoindre tout à la fois les conceptions scientifique, artistique, morale et métaphysique de l'univers. Il n'y a pas seulement une vie des organismes qui est la vie de certains composés de nature particulière et de forme définie, il y a une vie des derniers éléments des choses, il y a une vie des éléments de l'univers, il y a une vie de tous ces corps qui engendrent les phénomènes dont s'occupent la physique et la chimie, il y a une vie de ces faits qui constituent le mode d'action ou de manifestation extérieure des êtres et en particulier de l'être humain, il y a une vie de l'infiniment petit et de l'infiniment grand, du tout. L'esprit est captivé et se repose dans la contemplation des organismes physiologiques comme dans l'incarnation la plus nette, la mieux délimitée, la plus anthropomorphique aussi de la vie. Mais elle est aussi, la vie, partout où sont l'organisation durable, et les arrangements ayant force de loi qui sont comme « les habitudes des causes », partout où l'esprit trouve à contenter son instinctif amour de l'ordre et de l'unité, partout où il trouve à comprendre. Là, dans cet ordre et cette symétrie qui sont une réussite, est le moyen terme entre la pensée et l'être, par lequel il devient concevable que l'être suscite et éveille l'esprit, et que la pensée pressente qu'elle va se retrouver elle-même dans les choses.

Tout ce que l'on a fait d'autre part pour ramener la vie physiologique à des actions purement physiques et matérielles (et en même temps aussi pour étendre ce concept aux objets les plus différents) ne va pas sans relever d'autant la réalité matérielle par cela même que nous sommes conduits ainsi à en pénétrer la nature, l'être véritable, à lui attribuer en quelque sorte une vie intérieure, et, somme toute, à la tirer de l'abstrait. Le besoin d'unifier le monde matériel et moral ou, en d'autres termes, la science et l'art, dont l'homme fut toujours travaillé et qui lui fit inventer les mythologies, se trouve ainsi satisfait à notre époque, devenue incapable, à ce qu'il paraît, de créer des allégories réalisables dans les arts plastiques, en même temps que, devenant plus apte à discerner l'identité des formes d'existence les plus éloignées et leur symbolisme réciproque, elle sait mieux jouir directement, par la perception, du spectacle des choses réelles sans autre appareil qu'un acquis mental et moral.

XX. — Concordance entre cette conciliation et la continuité nécessaire que la raison aperçoit entre les termes de ce triple idéal : vrai, beau, bien. — Progrès sans terme dans la destinée de l'être pensant. — Personnalité humaine et personnalité divine.

Quels que soient les principes dont la conciliation marquera l'unification de l'humanité, il ne saurait être question, nous l'avons vu, d'une unification qui serait uniformisation. Mais, dès lors, il semble bien que les principes dont il s'agit soient l'art et la science. L'art, avec des aspirations à l'universalité, est œuvre personnelle et nationale, par conséquent diverse suivant les lieux et les époques, reflétant le genre de vie, correspondant à une conception de la réalité particulière à une race ayant vécu dans un site déterminé. La science qui, tournée vers la pratique, est cependant obligée de se préoccuper des conditions particulières d'application de ses principes, est impersonnelle ; ses principes et ses résultats sont d'une portée absolument générale ; ses progrès, l'extension de sa méthode à tous les domaines, comme sa diffusion, sont inéluctables, étant précisément le seul fait qui nous rende sensible, d'une façon incontestable, le progrès au sens absolu. Leur point de réunion est dans les applications de cette dernière aux cas particuliers représentés par une variété de l'existence humaine, un genre de vie déterminé, et souvent tout simplement dans une interprétation raisonnée, mais compréhensive, dans une justification quelquefois, des traditions, fruit de l'expérience et de l'inspiration géniale, sur lesquelles repose un tel genre de vie, une telle civilisation avec tous ses organes : culture de l'individu, institutions, mode d'exploitation du sol ; — d'autre part, dans l'effort inverse de l'art vers une compréhension quasi-scientifique et réciproque de la diversité présentée par la race humaine dans les différents milieux géographiques et sociaux où elle se développe, procédant de ce besoin qu'a l'homme, appartenant à l'une des variétés du type humain, de se compléter, de parfaire en lui l'humanité, ne fût-ce qu'idéalement, par la connaissance de ce qu'elle est ailleurs ou fut en d'autres temps. On voit ici se rencontrer, en un terrain commun, la science, l'art, et (enveloppant la morale) la politique ; cette dernière, à la prendre en un sens philosophique, ne pourrait reposer que sur une détermination scientifique et une appréciation morale des raisons et de la part pour laquelle un genre de vie, une culture, représentée par une race ou une civilisation donnée, doit prévaloir comme réalisant une variété essentielle de la vie humaine sur le globe ; en un mot, sur une exacte délimitation et justification du rôle historique des différentes civilisations dans le passé et dans le présent.

Ce n'est pas sans raison que ce triple idéal, le vrai, le beau, le bien, nous offrent trois termes étroitement unis, se transformant l'un dans l'autre, et que nous concevons comme réalisés, comme s'identifiant en Dieu, ce qui ne veut dire ne s'identifiant jamais dans la réalité, que pour qui nie Dieu. Leur identification, aussi bien que la réalisation séparée de chacun d'eux, est un but vers lequel nos efforts tendent, un but qui ne peut être inaccessible, ou tout au moins qui n'est inaccessible qu'en tant que la difficulté vaincue renaît sous une autre forme, que le problème résolu se pose dans des termes différents, perpétuant et renouvelant ainsi, pour l'être pensant, l'intérêt de la vie et de l'action. C'est assez dire que cet idéal que nous entrevoyons d'une unification extérieure et intérieure de l'humanité, une fois atteint, ne peut que nous transporter dans un ordre de choses nouveau, où un idéal inédit surgit devant nous, peut-être le même avec des proportions agrandies. Tout résultat obtenu dans l'histoire de l'humanité, comme dans la vie de l'homme, est instable, ou tout au moins ne saurait être considéré comme un terme, un point d'arrêt définitif, il peut tout au plus être considéré comme un point acquis, à condition d'être dépassé. Probablement lorsque cet idéal, dont nous parlons, sera atteint, l'humanité sera engagée déjà dans de nouvelles perspectives d'avenir. Et, d'ailleurs, nous ne jouissons jamais du présent, cet instant indivisible, à moins de nous résoudre à étendre la dénomination de présent à toute la période, peut-être dès maintenant commencée, au cours de laquelle nous pouvons déjà anticiper, comme probable et prochaine, la réalisation du but poursuivi, et à la période suivante, durant laquelle persistera encore le réconfort amené par cette réalisation.

C'est par ce progrès que nous imaginons nécessairement dans notre destinée, par ces transformations que nous entrevoyons au bout du développement de l'individu ou de l'humanité elle-même, transformations aboutissant nécessairement à une condition qui enveloppe et contienne notre condition actuelle et en rende raison, comme l'homme contient l'animal, et par les aspirations et sentiments qui se rapportent à ces faits, que nous pouvons le mieux concevoir ce qui est. Le caractère impérissable du réel se reflète dans notre aspiration à une destinée qui comporte des transformations, non un terme final. De cette destinée, la continuité n'est réelle que si nous savons n'être pas exclusivement attachés à une forme d'existence que tout nous montre temporaire, que si, en un mot, nous savons nous transformer du dedans intérieurement, simultanément à cette transformation dans laquelle nous sommes entraînés par le grand courant de l'existence universelle. Réelle et plus consciente que nous ne pouvons l'imaginer à distance, cette continuité réalise précisément la vie en Dieu. La continuité plus générale du réel en effet, pressentie dans l'univers et dans le monde moral, cette identité morale entre le moi et les autres consciences, entre l'être humain et les autres êtres, supérieurs ou inférieurs, où pourrait-elle devenir un fait accompli, si ce n'est en Dieu en qui chaque créature existe éminemment? Or, tour à tour anticipée par le sentiment, présumée par la science dans ses hypothèses sur les origines, affirmée par l'art dont le symbolisme métaphorique et l'universelle sympathie ont besoin de cette identité, c'est par la volonté qu'elle est réalisée, par la volonté de l'être moral qui sait faire de la vie une méditation de la mort, et qui dépouille résolûment cette personnalité pour laquelle il réclame une vie immortelle, de ses éléments périssables, pour se façonner à l'image de Dieu. N'est-ce pas là la forme la plus haute de l'action, et ne peut-on pas appeler acte divin cet acte par lequel l'être pensant se hausse jusqu'à la vie en Dieu, jusqu'à devenir une partie de la Divinité? Comme cet acte est le plus parfait, il n'est point non plus de forme d'existence plus haute que la personnalité, laquelle n'a pas de manifestation plus adéquate que cet acte, de sa supériorité sur l'existence locale de l'être purement individuel. Dans la conception, à première vue anthropomorphique (et comment pourrait-elle ne pas l'être en quelque façon, et même légitimement), d'un Dieu personnel absolument transcendant se conserve précieusement, d'ailleurs méconnue dans son vrai sens et se conservant par là même d'autant mieux, l'idée de la valeur infinie de la personnalité. Comment un attribut aussi élevé pourrait-il ne pas être affirmé de la Divinité! Admettre comme principe de l'univers une substance impersonnelle, éternelle, dont la notion s'altère presque nécessairement en celle d'une matière universelle, trame fondamentale des phénomènes, c'est réaliser une abstraction, c'est n'envisager qu'un des moments dans la création, séparé fictivement des autres, et non le plus essentiel. Mais, d'êtres possédant la personnalité, nous ne connaissons directement que l'être humain, plus véritablement l'être pensant, que nous devons nécessairement concevoir aussi comme une conscience, c'est-à-dire comme connaissant en soi toutes les autres choses ainsi qu'en leur centre, ce qui est le mode le plus parfait de la connaisance. Ne serait-ce pas que l'être pensant ne peut connaître et comprendre la Divinité qu'en la réalisant, non pas en soi assurément, car par le fait de cette réalisation il sort de soi, il s'exalte hors des bornes de son individualité, et c'est précisément alors qu'il est vraiment : la personne. A prendre d'ailleurs l'existence personnelle dans son vrai sens, la personne est tout autre chose que le moi égoïste et s'affirme précisément en s'élevant au-dessus du point de vue particulier et local de la recherche individuelle du bonheur; elle se fait, il est vrai, comme le moi, un centre vis-à-vis de tout le reste, mais un centre d'action bienfaisante à la façon d'une divinité dans son univers. Nous sommes donc amenés à voir dans la personnalité divine, le développement et l'épanouissement de la personnalité humaine, ou mieux encore, le modèle d'après lequel l'homme développe sa personnalité. Vue de la vie actuelle, la destinée future de l'homme semble fondée sur une abdication de la personnalité ; ce n'est là qu'une apparence, une obscurité, d'ailleurs condition de cette foi à l'invisible qui engendre le mérite, si véritablement ce qui constitue la personnalité est autre chose que l'attachement invincible à une passagère et contingente forme d'existence, c'est-à-dire plutôt l'abnégation de soi, l'effort métaphysique de la pensée et du cœur, pour se rendre présentes la perfection du réel, la souveraineté du bien. La destinée de la personne doit être assurément (conformément à cette transformation que nous aurons commencé de pratiquer sur nous-mêmes dès cette vie), de se reconstituer sur des bases agrandies, correspondant à une conscience plus étendue du réel, qui d'ailleurs enveloppe et rend intelligible notre vie antérieure. Et nous aurons fait de notre mieux pour comprendre notre destinée et pour comprendre Dieu en concluant que, si dans l'existence humaine, l'anticipation d'une existence plus haute, de l'existence de l'être pensant, par le détachement du point de vue individuel et l'agrandissement du champ de notre pensée, est proprement la vie en Dieu, une telle destinée nous représente et nous fait pressentir de la Personnalité divine tout ce que nous en pouvons apercevoir. Peut-être l'identification avec Dieu cherchée par l'être moral et pensant est-elle une identité à condition d'envisager la série de ses existences et de ses transformations, ou ce qui revient au même (tant est relative à nous cette notion du temps appelée sans doute à se dissoudre pour une pensée plus parfaite dans une notion plus haute) un point culminant de sa destinée, une phase enveloppant éminemment ses autres existences; mais elle est, en tout cas, une identité poursuivie activement; aussi vaut-il mieux y voir une identification, — l'acte est supérieur à l'être. — Et ainsi, l'action sous sa forme la plus parfaite s'exerçant pour nous faire acquérir une conscience plus étendue de ce qui est, et dans le sens d'un effort pour donner une conscience à ce qui est, conformément à cette logique immanente à l'être qui le fait tendre vers cette unité vivante que peut seule lui donner la pensée en le posant, est ce qu'il y a de divin dans le monde, est toute puissante, est efficace, porte avec elle sa récompense : la vie en Dieu, l'identification avec la nature divine, par une conciliation que nous ne pouvons qu'entrevoir comme possible (dans une région où, par hypothèse, les distinctions, les antithèses et les limitations de la pensée finie s'effacent) sans la comprendre, entre la personnalité de l'être pensant multiple, et la personnalité divine, une. Cette supériorité, ce caractère divin, universel de l'acte de la pensée qui fait l'unité vivante et incessamment recréée du Réel, est une vérité que sans doute pour une pensée omnisciente porte inscrite en chacun de ses détails l'univers, et même ce que nous appelons le monde matériel, dans lequel l'ordre et la beauté sont une image anticipée de la conscience et du Divin.

TABLE DES MATIÈRES

                                          Pages.

INTRODUCTION VII

I
PREMIER APERÇU SUR LA NATURE DU RÉEL

I. — Le réel dans son opposition avec les conceptions de notre esprit, avec le possible, avec les effets de la volonté individuelle... 1

II. — Penser le réel, c'est penser un problème et peser la valeur de ce mot : l'existence. — Nécessité sociale d'une réflexion sur le réel.. 7

III. — L'existence du réel n'est pas l'existence abstraite de l'objet; l'opposition du sujet et de l'objet se supprime dans cette affirmation de l'existence universelle qui fait le fond de l'affirmation de l'existence personnelle....................... 12

IV. — États qui avivent en nous le sentiment du réel émoussé par la vie courante... 16

V. — Point culminant de l'intuition du réel : le sentiment du beau, forme de l'amour de l'existence chez l'homme. — Le beau et le divin... 23

II
L'HOMME

I. — Difficulté et nécessité de faire abstraction, dans la conception du réel, des déterminations métaphoriques ou anthropomorphiques inhérentes aux existences particulières......... 29

II. — L'art, la civilisation et l'histoire, seconde nature, nous aident à comprendre le rapport de la nature au réel et à embrasser le réel dans son unité...................................... 33

III. — L'homme et l'animal; comment l'homme est préparé, par tout ce qui le distingue de l'animal, à poser le réel. — La vie spécifique, et la conscience individuelle avec le dédoublement de soi qu'elle implique.. 36

IV. — La personne, le héros, premier objet du sentiment du beau. — Le beau, comme le réel, se pose avec l'homme....... 41

V. — Parenthèse sur les antécédents du beau et de l'art dans la nature. — Infiltration d'un idéal de beauté distinct de l'idéal héroïque. — Conciliation... 44

VI. — Continuité chez l'homme de ces divers attributs : conscience, caractère d'être social, connaissance, action, création. 49

VII. — L'art, conséquence de ces deux faits connexes : développement de la personnalité et état social. — Action inverse de l'art sur l'organisation de la personnalité identique à elle-même et de la vie sociale durable. — Raison d'être dernière de ces divers faits... 53

VIII. — Amour inné chez l'homme de ce qui dure. — Le souvenir et l'art... 58

III

L'ART

I. — L'unité, objet commun de la pensée en ses facultés les plus hautes et aussi en ses facultés d'ordre inférieur, — et de l'art depuis les arts pratiques jusqu'à l'art proprement dit.... 61

II. — L'art réalisant l'union de ces deux termes : l'homme et la nature, et par suite, l'unité du réel, montre la voie à la pensée dialectique. — Son centre de gravité doit être cherché dans l'âme humaine et non dans la réalité extérieure............... 65

III. — Comment cette conception de l'art, énoncée plus haut, permet de résoudre l'opposition existant entre le beau naturel et le beau dans l'art... 69

IV. — Continuation de l'analyse du sentiment du beau pris à sa source, et confirmation de cette idée, qu'il implique une fusion entre deux termes, au premier abord, aussi hétérogènes que peuvent l'être, par exemple, la vie réelle et l'art............... 73

V. — Un exemple du beau naturel; analyse du sentiment éprouvé. 77

VI. — Comment l'imagination devient créatrice. — Mobile de la création artistique chez l'individu. — Le fondement réel de l'art existe dans la vie sociale et non dans un besoin de l'imagination qui ne se développe qu'ensuite. — L'art s'adresse à tout l'homme... 80

VII. — Les trois fins de l'art et la continuité nécessaire et naturelle entre ces trois fins, vérifiées sur les divers types de créations artistiques.. 84

VIII. — Tendance des arts à s'unifier en un art total. — Distinction entre le sentiment du beau absolu et le sentiment artistique.. 90

IX. — Caractère épisodique de certaines œuvres particulières ayant une existence indépendante vis-à-vis de l'ensemble artistique complet. — Relation entre ce fait et les transformations de l'idéal dans l'art.................................. 93

IV

LE RÉEL

I. — Dans l'art s'affirme l'unité du réel. — Tendance à l'unité existant dans l'esprit humain sous deux formes............. 101

II. — Que sont l'art et le beau en eux-mêmes, dans la réalité? — La seule beauté objective est celle de la réalité universelle, représentée dans les beautés particulières qui en découlent comme de leur source. — La beauté est unité................ 103

III. — L'unité dans le réel est infinité; elle est aussi continuité et complexité infinie. — L'infini moral...................... 107

IV. — Le beau, forme supérieure du bien, fondant un optimisme. — Perfection du réel sensible dans sa complexité et dans son caractère impérissable.. 111

V. — Existence possible d'un principe interne de beauté et d'une vie intérieure chez les êtres dénués de conscience. — Distinction entre la conscience et l'individualité..................... 118

VI. — Opposition de l'existence universelle et multiple de l'homme et de l'existence presque purement locale de l'animal et de la plante. — L'amour. — L'âme. — Conscience et connaissance. 126

VII. — Finalité réciproque de l'homme et de l'univers. — Anthropomorphisme ancien et anthropomorphisme moderne. — La spontanéité et la réflexion. — Raisons du caractère esthétique inhérent au passé. — Caractère esthétique inhérent à ce qui est simple, typique, fondamental........................... 134

VIII. — Le simple et le naturel, dont une certaine image nous plait dans les représentations de la vie du passé, sont en même temps, dans tous les ordres, l'objet de nos aspirations d'avenir. 142

IX. — Signification de l'association de l'idée du passé à nos aspirations vers l'avenir : le passé est le support de notre existence dans le présent et dans le futur.... 147

X. — Caractère esthétique inhérent au passé en opposition avec le caractère inhérent aux idées d'avenir et de progrès, notions plus vagues. — Élément positif de cette notion de progrès par lequel elle devient précise et concrète.................. 150

XI. — Le passé est, pour l'homme, ce qui est d'une façon durable, et en même temps, la source de ce qui sera. — Pourquoi l'homme s'efforce de se rattacher par la pensée à tout ce qui est et a été. — Éternité et immortalité 154

XII. — Dialectique ascendante de l'idée d'immortalité personnelle à l'idée d'éternité. — L'individu et la famille............ 158

XIII. — L'aspiration de l'homme à l'immortalité dans ses rapports avec la lutte des états pour la domination................ 163

XIV. — L'émulation entre les nations concourant à la grandeur de l'humanité. — Éternité de l'être pensant. — La pensée, élément de l'univers, au même titre que l'unité est l'attribut du réel... 169

XV. — Possibilité et nécessité d'une race d'êtres pensants dans lesquels l'humanité se survivrait à elle-même dans une existence peut-être extra-terrestre........................... 173

XVI. — Certitude d'une immortalité fondée sur la qualité d'être raisonnable. — Magnificence du réel....................... 177

XVII. — L'unité de l'humanité représentation de l'unité du réel et moment de cette unité. — La philosophie et la philosophie de l'histoire.. 183

XVIII. — Coïncidence probable de l'unification de l'humanité avec une conciliation entre l'art et la science................ 188

XIX. — Moyen terme possible de cette conciliation : la notion de vie... 192

XX. — Concordance entre cette conciliation et la continuité nécessaire que la raison aperçoit entre les termes de ce triple idéal : vrai, beau, bien. — Progrès sans terme dans la destinée de l'être pensant. — Personnalité humaine et personnalité divine... 197

Volumes in-8, brochés, à 5 fr., 7 fr. 50 et 10 fr.

AGASSIZ. — L'espèce et les classifications. 5 fr.
STUART MILL. — Mes mémoires. 3e éd. 5 fr.
— Système de logique. 2 vol. 20 fr.
— Essais sur la religion. 2e édit. 5 fr.
HERBERT SPENCER. Prem. principes. 8e éd. 10 fr.
— Principes de psychologie. 2 vol. 20 fr.
— Principes de biologie. 4e édit. 2 vol. 20 fr.
— Principes de sociologie. 4 vol. 36 fr. 25
— Essais sur le progrès. 5e édit. 7 fr. 50
— Essais de politique. 4e édit. 7 fr. 50
— Essais scientifiques. 2e édit. 7 fr. 50
— De l'éducation. 10e édit. 5 fr.
— Introd. à la science sociale. 11e édit. 6 fr.
— Bases de la morale évolutionniste. 6e éd. 6 fr.
COLLINS. — Résumé de la philosophie de Herbert Spencer. 2e édit. 10 fr.
AUGUSTE LAUGEL. — Les problèmes (de la nature, de la vie, de l'âme). 7 fr. 50
ÉMILE SAIGEY. — Les sciences au XVIIIe siècle, la physique de Voltaire. 5 fr.
PAUL JANET. — Causes finales. 3e édit. 10 fr.
— Histoire de la science politique dans ses rapports avec la morale. 3e édit. 2 vol. 20 fr.
— Victor Cousin et son œuvre. 3e édit. 7 fr. 50
TH. RIBOT. — Hérédité psychologique. 5e éd. 10 fr.
— Psychologie anglaise contemporaine. 7 fr. 50
— La psychologie allem. contemp. 7 fr. 50
— Psychologie des sentiments. 2e éd. 7 fr. 50
— L'évolution des idées générales. 5 fr.
ALF. FOUILLÉE. — La liberté et le déterminisme. 2e édit. 7 fr. 50
— Critique des systèmes de morale contemporains. 7 fr. 50
— La morale, l'art et la religion, d'après M. Guyau. 3 fr. 75
— L'avenir de la métaphysique. 7 fr.
— L'évolutionnisme des idées-forces. 7 fr. 50
— Psychologie des idées-forces. 2 vol. 15 fr.
— Tempérament et caractère. 7 fr. 50
— Le mouvement positiviste. 7 fr. 50
— Le mouvement idéaliste. 7 fr. 50
DE LAVELEYE. — De la propriété et de ses formes primitives. 4e édit. 10 fr.
— Le Gouvernement dans la démocratie. 2 vol. 5e édit. 15 fr.
BAIN. — La logique déductive et inductive. 3e édition. 2 vol. 20 fr.
— Les sens et l'intelligence. 3e édit. 10 fr.
— Les émotions et la volonté. 10 fr.
— L'esprit et le corps. 4e édit. 6 fr.
— La science de l'éducation. 6e édit. 6 fr.
MAT. ARNOLD. — La crise religieuse. 7 fr. 50
FLINT. — La philosophie de l'histoire en Allemagne. 7 fr. 50
LIARD. — Descartes. 5 fr.
— Science positive et métaphysique. 7 fr. 50
GUYAU. Morale anglaise contemp. 3e éd. 7 fr. 50
— Problèmes de l'esthétique contemp. 7 fr. 50
— Esquisse d'une morale sans obligation ni sanction. 3e édit. 5 fr.
— L'art au point de vue sociologique. 7 fr. 50
— Hérédité et éducation. 3e édit. 5 fr.
— L'irréligion de l'avenir. 5e édit. 7 fr. 50
HUXLEY. — Hume, vie, philosophie. 5 fr.
E. NAVILLE. — La physique moderne. 5 fr.
— La logique de l'hypothèse. 2e édit. 5 fr.
H. MARION. — Solidarité morale. 5e éd. 5 fr.
SCHOPENHAUER. — Sagesse dans la vie. 5 fr.
— De la quadruple racine du principe de la raison suffisante. 5 fr.
— Le monde comme volonté, etc. 3 v. 22 fr. 50
J. BARNI. — Morale dans la démocratie. 5 fr.
JAMES SULLY. — Le pessimisme. 2e édit. 7 fr. 50
— Études sur l'enfance. 10 fr.
LOUIS FERRI. — Psychol. de l'associat. 7 fr. 50
MAUDSLEY. — Pathologie de l'esprit. 10 fr.
CH. RICHET. — L'homme et l'intelligence. 10 fr.
PREYER. — Éléments de physiologie. 5 fr.
— L'âme de l'enfant. 10 fr.
A. FRANCK. — La philos. du droit civil. 5 fr.
WUNDT. — Éléments de psychologie physiologique. 2 vol. avec fig. 20 fr.
E.-R. CLAY. — L'alternative. 2e édit. 10 fr.
L. CARRAU. — La philosophie religieuse en Angleterre, dep. Locke jusqu'à nos jours. 5 fr.
BERNARD PEREZ. — Les trois premières années de l'enfant. 5e édit. 5 fr.
— L'enfant de trois à sept ans. 3e édit. 5 fr.
— L'éducation morale dès le berceau. 2e éd. 5 fr.
— L'éducation intellect. dès le berceau. 5 fr.
— L'art et la poésie chez l'enfant. 5 fr.

— Le caractère (de l'enfant à l'homme). 5 fr.
LOMBROSO. — L'homme criminel. 2 vol. et atlas. 36 fr.
LOMBROSO et LASCHI. — Le crime politique et les révolutions. 2 vol. 15 fr.
LOMBROSO et FERRERO. — La femme criminelle et la prostituée. 1 v. in-8 avec atlas. 15 fr.
E. DE ROBERTY. — L'ancienne et la nouvelle philosophie. 7 fr. 50
— La philosophie du siècle. 5 fr.
FONSEGRIVE. — Le libre arbitre. 2e éd. 10 fr.
G. SERGI. — Psychologie physiologique. 7 fr. 50
PIDERIT. — Mimique et physiognomonie. 5 fr.
GAROFALO. — La criminologie. 4e édit. 7 fr. 50
G. LYON. — L'idéalisme en Angleterre au XVIIIe siècle. 7 fr. 50
— La superstition socialiste. 5 fr.
P. SOURIAU. — L'esthét. du mouvement. 5 fr.
— La suggestion dans l'art. 5 fr.
F. PAULHAN. — L'activité mentale. 10 fr.
— Esprits logiques et esprits faux. 7 fr. 50
PIERRE JANET. — L'automatisme psych. 7 fr. 50
J. BARTHÉLEMY-SAINT HILAIRE. — La philosophie, la science et la religion. 5 fr.
H. BERGSON. — Essai sur les données immédiates de la conscience. 3 fr. 75
— Matière et mémoire. 5 fr.
RICARDOU. — De l'idéal. 5 fr.
P. SOLLIER. — Psychologie de l'idiot et de l'imbécile. 5 fr.
ROMANES. — L'évolution mentale chez l'homme. 7 fr. 50
PILLON. — L'année philosophique. Années 1890 à 1897, chacune 5 fr.
PICAVET. — Les idéologues. 10 fr.
GURNEY, MYERS et PODMORE. — Hallucinations télépathiques. 2e édit. 7 fr. 50
L. PROAL. — Le Crime et la Peine. 2e éd. 10 fr.
— La criminalité politique. 5 fr.
ARRÉAT. — Psychologie du peintre. 5 fr.
HIRTH. — Physiologie de l'art. 5 fr.
BOURDON. — L'expression des émotions et des tendances dans le langage. 7 fr. 50
NOVICOW. — Luttes entre sociétés hum. 10 fr.
— Les gaspillages des sociétés modernes. 5 fr.
J. PIOGER. — La vie et la pensée. 5 fr.
— La vie sociale, la morale et le progrès. 5 fr.
DURKHEIM. — Division du travail social. 7 fr. 50
— Le suicide. 7 fr. 50
J. PAYOT. — Éducation de la volonté. 7e éd. 5 fr.
— De la croyance. 5 fr.
CH. ADAM. — La philosophie en France (Première moitié du XIXe siècle). 7 fr. 50
H. OLDENBERG. — Le Bouddha. 7 fr. 50
NORDAU (MAX). — Dégénérescence. 2 vol. 17 fr. 50
— Les mensonges conventionnels de notre civilisation. 5 fr.
AUBRY. — La contagion du meurtre. 3e éd. 5 fr.
GODFERNAUX. — Le sentiment et la pensée. 5 fr.
BRUNSCHVICG. — Spinoza. 3 fr. 75
— La modalité du jugement. 5 fr.
LÉVY-BRUHL. — Philosophie de Jacobi. 5 fr.
BOIRAC. — L'idée du phénomène. 5 fr.
F. MARTIN. — La perception extérieure et la science positive. 5 fr.
G. TARDE. — La logique sociale. 2e éd. 7 fr. 50
— Les lois de l'imitation. 2e édit. 7 fr. 50
— L'opposition universelle. 7 fr. 50
G. DE GREEF. — Transformisme social. 7 fr. 50
L. BOURDEAU. — Le probl. de la mort. 2e éd. 5 fr.
CREPIEUX-JAMIN. — Écrit. et Caract. 4e éd. 7 fr. 50
J. IZOULET. — La cité moderne. 3e éd. 10 fr.
THOUVEREZ. — Réalisme métaphysique. 5 fr.
LANG. — Mythes, Cultes et Religion. 10 fr.
G. GORY. — L'immanence de la raison dans la connaissance sensible. 5 fr.
G. DUPROIX. — Kant et Fichte et le problème de l'éducation. 5 fr.
SÉAILLES. Essai sur le génie dans l'art. 2e éd. 5 fr.
V. BROCHARD. — De l'Erreur. 2e édit. 5 fr.
AUG. COMTE. — Sociologie. 10 fr.
C. CHABOT. — Nature et moralité. 5 fr.
C. PIAT. — La personne humaine. 7 fr. 50
E. BOUTROUX. — Études d'histoire de la philosophie. 7 fr. 50
G. FULLIQUET. — Essai sur l'obligation morale. 7 fr. 50
P. MALAPERT. — Les élém. du caractère. 5 fr.
A. BERTRAND. — L'enseignement intégral. 5 fr.
J. PÉRÈS. — L'art et le réel. 3 fr. 75

www.ingramcontent.com/pod-product-compliance
Lightning Source LLC
Chambersburg PA
CBHW051919160426
43198CB00012B/1957